Michael Hänselmann

Optimale Banksteuerungsstrategien im Asset-Liabilit

**Bibliografische Information der Deutschen Nationalbibliothek:**

Bibliografische Information der Deutschen Nationalbibliothek: Die Deutsche Bibliothek verzeichnet diese Publikation in der Deutschen Nationalbibliografie; detaillierte bibliografische Daten sind im Internet über http://dnb.d-nb.de/ abrufbar.

Copyright © 1999 Diplomica Verlag GmbH
Druck und Bindung: Books on Demand GmbH, Norderstedt Germany
ISBN: 9783838616711

http://www.diplom.de/e-book/217547/optimale-banksteuerungsstrategien-im-asset-liability-management

Michael Hänselmann

# Optimale Banksteuerungsstrategien im Asset-Liability Management

Diplom.de

Michael Hänselmann

# Optimale Banksteuerungsstrategien im Asset-Liability Management

**Diplomarbeit**
**an der Universität Ulm**
**Mai 1999 Abgabe**

*Diplomarbeiten* Agentur
Dipl. Kfm. Dipl. Hdl. Björn Bedey
Dipl. Wi.-Ing. Martin Haschke
und Guido Meyer GbR

Hermannstal 119 k
22119 Hamburg

agentur@diplom.de
**www.diplom.de**

ID 1671
Hänselmann, Michael: Optimale Banksteuerungsstrategien im Asset-Liability Management /
Michael Hänselmann - Hamburg: Diplomarbeiten Agentur, 1999
Zugl.: Ulm, Universität, Diplom, 1999

Dipl. Kfm. Dipl. Hdl. Björn Bedey, Dipl. Wi.-Ing. Martin Haschke & Guido Meyer GbR
Diplomarbeiten Agentur, http://www.diplom.de, Hamburg 2000
Printed in Germany

*Diplomarbeiten* Agentur

# Wissensquellen gewinnbringend nutzen

**Qualität, Praxisrelevanz und Aktualität** zeichnen unsere Studien aus. Wir bieten Ihnen im Auftrag unserer Autorinnen und Autoren Wirtschaftsstudien und wissenschaftliche Abschlussarbeiten – Dissertationen, Diplomarbeiten, Magisterarbeiten, Staatsexamensarbeiten und Studienarbeiten zum Kauf. Sie wurden an deutschen Universitäten, Fachhochschulen, Akademien oder vergleichbaren Institutionen der Europäischen Union geschrieben. Der Notendurchschnitt liegt bei 1,5.

**Wettbewerbsvorteile verschaffen** – Vergleichen Sie den Preis unserer Studien mit den Honoraren externer Berater. Um dieses Wissen selbst zusammenzutragen, müssten Sie viel Zeit und Geld aufbringen.

**http://www.diplom.de** bietet Ihnen unser vollständiges Lieferprogramm mit mehreren tausend Studien im Internet. Neben dem Online-Katalog und der Online-Suchmaschine für Ihre Recherche steht Ihnen auch eine Online-Bestellfunktion zur Verfügung. Inhaltliche Zusammenfassungen und Inhaltsverzeichnisse zu jeder Studie sind im Internet einsehbar.

**Individueller Service** – Gerne senden wir Ihnen auch unseren Papierkatalog zu. Bitte fordern Sie Ihr individuelles Exemplar bei uns an. Für Fragen, Anregungen und individuelle Anfragen stehen wir Ihnen gerne zur Verfügung. Wir freuen uns auf eine gute Zusammenarbeit

**Ihr Team der *Diplomarbeiten* Agentur**

Dipl. Kfm. Dipl. Hdl. Björn Bedey
Dipl. Wi.-Ing. Martin Haschke
und Guido Meyer GbR

Hermannstal 119 k
22119 Hamburg

Fon: 040 / 655 99 20
Fax: 040 / 655 99 222

agentur@diplom.de
www.diplom.de

# Inhaltsverzeichnis

# Tabellenverzeichnis

# Abbildungsverzeichnis

# Kapitel 1

# Einleitung

Dem Asset-Liability Management wird schon seit mehreren Jahrzehnten sowohl von akademischer Seite, als auch in der praktischen Anwendung Beachtung geschenkt. Der Strukturwandel der Finanzmärkte in den vergangenen Jahren, hervorgerufen durch die zunehmende Internationalisierung, die rapide Entwicklung der Informationstechnologien und die gestiegenen Volatilitäten von Zinssätzen und Wechselkursen, hat dieses Interesse noch verstärkt. Viele Finanzdienstleistungsunternehmen haben erkannt, dass sich Wettbewerbsvorteile bieten, wenn Anlageentscheidungen und Finanzierungsfragen nicht getrennt voneinander betrachtet werden, sondern in Bezug auf Unternehmensziele und -risiken abgestimmt werden.

Die Mehrzahl der in der Praxis eingesetzten Techniken sind konzeptionell sehr einfach und ignorieren wichtige dynamische Elemente des Portfoliomanagements. Ziel dieser Diplomarbeit ist es, ein mehrstufiges stochastisches lineares Programm zu entwickeln, das die Komplexität des Asset-Liability Managements abzubilden vermag.

Konkret betrachten wir die Situation eines Unternehmens, das eine Reihe von Zahlungsverpflichtungen in der Zukunft zu erfüllen hat und diese durch das dynamische Handeln mit Wertpapieren abdecken möchte. Von allen zur Auswahl stehenden Anlageplänen möchte es natürlich denjenigen auswählen, der die geringsten anfänglichen Kosten verursacht. Wir unterstellen, dass sowohl die Höhe der Zahlungsverpflichtungen als auch die Wertpapierrückflüsse von den zukünftigen Umweltzuständen abhängen und lassen explizit zu, dass Portfolioumschichtungen in der Zukunft vorgenommen werden können, wenn neue Informationen zur Verfügung stehen. Damit ein realistisches Modell entsteht, werden sowohl Transaktionskosten und Handelsbeschränkungen, als auch rechtliche und unternehmensspezifische Restriktionen berücksichtigt.

Inhalt von *Kapitel 2* ist eine ausführlichere Einführung in die Thematik des
Asset-Liability Managements. Es sollen die Aufgaben und die Anforderungen skizziert werden, die ein Asset-Liability Management Modell idealerweise
erfüllen sollte.

In *Kapitel 3* wird das Problem als mehrstufiges stochastisches Entschei-
dungsmodell formuliert, wobei zunächst diskutiert wird, wie die Unsicherheit zukünftiger Marktentwicklungen modelliert werden soll. Wir werden die
Unsicherheit durch einen Ereignisbaum darstellen, bei dem Kauf-, Verkauf-
und Halteentscheidungen zu aufeinanderfolgenden (diskreten) Zeitpunkten
getroffen werden können. Neben der Notwendigkeit, arbitragefreie Szenarien
zu generieren, gehen wir auch auf das größte Problem stochastischer Programme ein, das darin besteht, dass ihre Größe mit der Zunahme an Zeit-
perioden und Zuständen im Ereignisbaum exponentiell wächst und es daher
nicht möglich ist, die tatsächliche Unsicherheit vollständig abzubilden.

*Kapitel 4* befasst sich mit drei Lösungsmöglichkeiten des vorgestellten Asset-
Liability Management Modells. Während die exakte Lösungssuche mittels
linearer Optimierung aufgrund des Größenwachstums nur für kleinere Planungshorizonte möglich ist, wird im zweiten Ansatz, der auf Klaassen (1994)
zurückgeht, vorgeschlagen, wie durch sogenannte Zeit- und Zustandsaggregationen die Information im Ereignisbaum verdichtet werden kann, ohne
wünschenswerte Eigenschaften wie arbitragefreie Preise zu verlieren. Als dritte Lösungsmöglichkeit wird der Einsatz eines Genetischen Algorithmus diskutiert. Dabei handelt es sich um einen Suchalgorithmus, der ausgehend von
einer Menge zulässiger Lösungen (Handelsstrategien) versucht, durch Nach-
ahmung natürlicher Vererbungs- und Selektionsmechanismen eine möglichst
gute Lösung zu finden.

Die Zielsetzung des *fünften Kapitels* besteht darin, das Asset-Liability Management Problem aus Sicht einer Bank darzustellen und zu lösen. In einem
ersten Schritt legen wir die Geschäftsfelder fest, in der die Bank agieren
kann, und treffen Annahmen bezüglich des Alt- und des Neugeschäfts. Anschließend werden wir die vorgestellten Optimierungsmethoden, die mittels
eigener C-Programme implementiert wurden, an unserer Modellbank auf ihre Leistungsfähigkeit hin überprüfen und miteinander vergleichen. Dabei soll
auch untersucht werden, wie sensitiv die optimale Lösung auf eine Veränderung wichtiger Steuerungsparameter reagiert.

Das *letzte Kapitel* fasst die gewonnenen Erkenntnisse zusammen und schließt
mit einem Ausblick, welche Erweiterungen denkbar und sinnvoll sind.

# Kapitel 2

# Asset-Liability Management

Ziel dieses Kapitels ist es, eine Einführung in die Thematik des Asset-Liability Managements (ALM) vorzunehmen. Dazu soll zunächst geklärt werden, was man unter dem Begriff des Asset-Liability Managements versteht und warum es in den vergangenen Jahren zunehmend an Bedeutung gewonnen hat. Wir werden sehen, welche Steuerungsaufgaben in einem Unternehmen gelöst werden müssen und welche Anforderungen sich daraus für ein Asset-Liability Management Modell ergeben. Der letzte Abschnitt befasst sich mit in der Praxis eingesetzten Techniken und zeigt die Notwendigkeit auf, komplexere Modelle zu entwickeln.

## 2.1   Notwendigkeit des ALM

Asset-Liability Management, das in der deutschen Literatur zuweilen auch als Aktiv-Passiv Steuerung bezeichnet wird, ist ein Begriff, der im Bankensektor geprägt wurde und zunehmend auch in der versicherungswirtschaftlichen Literatur an Bedeutung gewinnt. Christiane Jost (1995) definiert das Asset-Liability Management als einen „(...) Managementansatz, bei dem die Risiken aus dem leistungswirtschaftlichen und dem finanzwirtschaftlichen Bereich unternehmenszielbezogen aufeinander abgestimmt werden"[1].

Danach besteht also die grundlegende Idee des ALM darin, die Anlage- und Leistungspolitik des Unternehmens nicht getrennt voneinander zu betrachten. Vielmehr sollen die Liquiditäts-, Rendite- und Risikoeigenschaften des Vermögens sowie der Liquiditätsbedarf und der Risikocharakter der Verbindlichkeiten zusammen analysiert und ihre künftige Entwicklung simuliert werden, um daraus Handlungsempfehlungen für die Unternehmensführung abzuleiten.

---

[1]Jost [17] S.91

3

Um zu verdeutlichen, wie eng Entscheidungen in der Leistungs-, Beitrags-
und Anlagepolitik eines Unternehmens zusammenhängen, und wie notwendig daher ein ganzheitliches Denken und Handeln ist, betrachten wir eine
Pensionskasse, die ihre Leistungen ausbauen möchte. Sollen die zusätzlichen Leistungen nicht durch höhere Beiträge finanziert werden, so müssen
in Zukunft höhere Erträge aus den Vermögensanlagen erwirtschaftet werden. Selbst wenn die Anlagemärkte das dazu notwendige Renditepotential
bieten würden, müsste überprüft werden, ob die mit der Ertragssteigerung
verbundene Risikozunahme für die Pensionskasse akzeptabel wäre. Schließen Sicherheitsüberlegungen eine riskantere Anlagepolitik aus, so bleibt als
Alternative nur eine Erhöhung der Beiträge übrig. Ist diese aufgrund des
Wettbewerbdrucks nicht durchzusetzen, so muss auf den Leistungsausbau
verzichtet werden.[2]

Nun lässt sich sicherlich einwenden, dass Finanzinstitute schon immer vor der
Frage standen, wie hoch ihre Verbindlichkeiten sein dürften und in welche Kapitalanlagen zu investieren sei, um diese abzudecken. Selbst der Gesetzgeber
hat beschrieben, welche Kapitalanlageziele unter Berücksichtigung der eingegangenen Verpflichtungen angestrebt werden sollen. So lautet §54 des Versi-
cherungsaufsichtsgesetzes: „Das Vermögen eines Versicherungsunternehmens
ist unter Berücksichtigung der Art des betriebenen Versicherungsgeschäfts sowie der Unternehmensstruktur so anzulegen, dass möglichst große Sicherheit
und Rentabilität bei jederzeitiger Liquidität des Versicherungsunternehmens
unter Wahrung angemessener Mischung und Streuung erreicht wird."

Warum besitzt also das Asset-Liability Management eine so große Aktualität ? Die Rahmenbedingungen, in denen Banken und Versicherungsunternehmen operieren, haben sich seit Anfang der achtziger Jahre stark verändert.
Auf den Kapitalmärkten werden neue Finanzprodukte wie Optionen oder
Swaps in den verschiedensten Ausprägungen gehandelt und erlauben den
Unternehmen, neue Anlagestrategien zu wählen und Anlagerisiken systematisch zu reduzieren. Dadurch ergeben sich Chancen höhere Renditen zu erzielen, ohne den Sicherheitsaspekt zu vernachlässigen.
Durch den Zusammenbruch des Wechselkurssystems von Bretton-Woods und
den Übergang zu flexiblen Wechselkursen stieg die Volatilität der Finanzmärkte gegen Ende der siebziger Jahre stark an[3]. Der zunehmende elek-
tronische Handel auf den Kapitalmärkten und die schnellere Verfügbarkeit

---

[2]Vgl. Ammann [2] (1992)
[3]Eine Analyse der Zinsentwicklung in den achtziger Jahren liefert [8].

von Informationen, beispielsweise durch Informationsdienste wie Reuters, erhöhten die Handelsgeschwindigkeit und die Wahrscheinlichkeit gleichgerichteten Handelns. Auch dadurch erhöhte sich die Volatilität der Kurse.

Neben diesen Veränderungen führte auch die durch die Europäische Union seit Beginn der neunziger Jahre forcierte Deregulierung der Versicherungswirtschaft zu einem größeren Spielraum der Versicherungsunternehmen und damit zu mehr Wettbewerb. Wachsende Konkurrenz und eine höhere Erwartungshaltung der Kunden hinsichtlich der Rentabilität ihrer Anlagen ließ die Gewinnmargen schrumpfen.

Die Finanzdienstleistungsunternehmen müssen auf die veränderte Situation reagieren. Auf der einen Seite werden die Rentabilitätspotentiale der Kapitalanlagen zunehmend wichtiger, auf der anderen Seite gewinnt die stärkere aktive Absicherung der Kapitalanlagen mehr an Bedeutung. War es bisher ausreichend eine grobe, hauptsächlich volumenmäßige Abstimmung der Aktiv- und Passivpositionen vorzunehmen, so werden nun feinere Instrumente benötigt, um mit geringeren Sicherheitszuschlägen auskommen und damit im Wettbewerb bestehen zu können. Das Asset-Liability Management dient dieser Feinabstimmung.

## 2.2 Risikoursachen und Risikomessung

### 2.2.1 Unternehmensziele und -risiken

Wie alle Wirtschaftssubjekte unterliegen auch Finanzdienstleistungsunternehmen Risiken, die mit ihrer unternehmerischen Tätigkeit unmittelbar verbunden sind. Um die Risiken abschätzen und zielorientiert beeinflussen zu können, müssen sie zunächst strukturiert werden. Daher sollen im folgenden die wichtigsten Ziele und Risiken knapp dargestellt werden. Eine detailliertere Betrachtung findet sich z. B. in Jost [17].

Oberstes Ziel eines Finanzdienstleistungsunternehmens muss es sein, die eingegangenen Verpflichtungen dauerhaft erfüllen zu können. Um das Erreichen dieses Sicherheitszieles immer gewährleisten zu können, müssen in jeder Periode genügend liquide oder liquidisierbare Mittel zur Zahlung der anfallenden Leistungen zur Verfügung stehen. Daneben werden insbesondere Wachstums- und Ertragsziele den Entscheidungsprozess beeinflussen. Vor allem bei Versicherungsunternehmen ist das Wachstumsziel von Bedeutung, da ein Bestandswachstum bei gleichbleibender Qualität der versicherten Risiken zu einem verbesserten Ausgleich im Kollektiv führt und das Erreichen der Liquiditätsziele erleichtert.

Neben den genannten gesamtunternehmensbezogenen Risiken wie dem Liquiditäts- und Erhaltungsrisiko oder den Wachstums- und Ertragsrisiken, bestehen eine Vielzahl von Risiken im leistungs- und finanzwirtschaftlichen Bereich. Ein Versicherungsunternehmen kann zum Beispiel nicht ausschließen, dass die geschätzte Schadenverteilung nicht mit der wahren stochastischen Gesetzmäßigkeit des Schadenverlaufs übereinstimmt. Abgesehen von wenigen Ausnahmen, besteht auch immer ein gewisses Risiko, dass Schuldner von Darlehen oder Obligationen zahlungsunfähig werden. Dieses Delkredererisiko hängt von gesamtwirtschaftlichen Einflüssen und schuldnerspezifischen Faktoren ab.

## 2.2.2   Risikofaktoren

Das Maßnahmenbündel, das zur Erreichung der definierten Ziele zur Verfügung steht, ist wohl ebenso umfangreich, wie die Einflussfaktoren, die zum Verfehlen der Ziele beitragen können und deren zukünftige Entwicklung heute unbekannt ist.

Zur Identifikation und zur anschließenden Messung der Unternehmensrisiken ist es daher hilfreich, zunächst die relevanten Risikofaktoren zu analysieren. Mögliche Risikofaktoren sind z. B. die Inflation, die Zinsentwicklung, die Veränderung von Wechselkursen, der technische Fortschritt, rechtliche Rahmenbedingungen oder Umweltveränderungen (in Gesellschaft oder Natur).

Welche Bedeutung ein Risikofaktor für das Unternehmen hat, hängt nicht nur von unternehmensspezifischen Gegebenheiten ab, sondern wird auch ganz wesentlich durch die Branchenzugehörigkeit bestimmt. So sind die Risikofaktoren, die das Versicherungsgeschäft beeinflussen, an das versicherte Ereignis gebunden und unterscheiden sich daher wesentlich von denen, die auf das Kapitalanlagegeschäft einwirken. Im Gegensatz dazu differieren die Risikofaktoren bei Banken im Aktiv- und Passivgeschäft kaum.

Ein Risikofaktor soll an dieser Stelle exemplarisch betrachtet werden, da er von zentraler Bedeutung im Bankenbereich ist und auch beim Anwendungsbeispiel in Kapitel 5 die maßgebliche Rolle spielen wird: *die Zinsentwicklung*. In der Regel ist auf den Kapitalmärkten zu beobachten, dass für Wertpapiere unterschiedlicher Laufzeit verschieden hohe Zinsen zu zahlen bzw. zu erzielen sind. Wenn also von einer Zinsentwicklung gesprochen wird, so ist stets die Veränderung der gesamten Zinsstrukturkurve gemeint. Die Zinsstrukturkurve ist dabei die Menge aller repräsentativer interner Zinssätze von Zerobonds in Abhängigkeit ihrer Laufzeit.

Es ist schwierig, abschließend zu beurteilen, welche gesamtwirtschaftlichen Faktoren in welchem Maße auf die Zinsentwicklung einwirken. Unbestritten ist aber, dass insbesondere die Geldmengenentwicklung und die Inflation das Zinsniveau beeinflussen. Die Bundesbank bzw. seit Beginn des Jahres die Europäische Zentralbank versucht diese gesamtwirtschaftlichen Faktoren über die Steuerung der Leitzinsen zu kontrollieren. Damit wird der Zins auch durch politische Überlegungen beeinflusst.

Eine Veränderung der Marktzinsen berührt nicht nur die Konditionen und Preise eines potentiellen Neugeschäfts, sondern hat auch Auswirkungen auf den Wert der Kapitalanlagen und der bestehenden Verbindlichkeiten. Steigende Zinssätze führen zu einem Sinken der Barwerte von festverzinslichen Wertpapieren und umgekehrt, wobei das Ausmaß von der Laufzeit der Kapitalanlagen abhängt.
Ein zinsinduziertes Risiko besteht nun für ein Unternehmen, wenn aufgrund von Zinsschwankungen der Marktwert der Kapitalanlagen stärker sinkt, als der Barwert der Verbindlichkeiten, da dann die Überschüsse, bewertet zu Marktwerten, abnehmen. Dies kann sich auf die Konkurrenzfähigkeit des Unternehmens auswirken und zu einer Verschlechterung bei Neugeschäften, der Bonität oder Fremdfinanzierungsmöglichkeiten führen.

Trotz der großen Bedeutung der Zinsentwicklung für den Bankenbereich sowohl für das Aktiv- als auch Passivgeschäft, sollten im Rahmen eines Asset-Liability Managements andere Risikofaktoren nicht vernachlässigt werden. Die Veränderung von Wechselkursen, die Bonität der Schuldner und andere Indikatoren der gesamtwirtschaftlichen Entwicklung müssen ebenso beachtet werden. Dies gilt insbesondere auch für Versicherungsunternehmen, bei denen im Passivgeschäft der Zins nur eine untergeordnete Rolle spielt. So besteht in der klassischen Lebensversicherung nur ein geringes zinsinduziertes Risiko und auch bei Schaden- und Unfallversicherungsunternehmen wirkt der Zins nur indirekt über andere gesamtwirtschaftliche Größen wie das Preisniveau.

## 2.3 ALM-Techniken

Der wachsende Konkurrenzdruck und die steigenden Risiken, denen die Unternehmen aufgrund der Dynamik der Finanzmärkte, der Internationalisierung und der sich stetig verbessernden Technologien ausgesetzt sind, haben zu einem verstärkten Interesse für das ALM geführt. Es wurden eine Viel-

zahl verschiedener Techniken vorgeschlagen, um die Risikofaktoren bei der Entscheidungsfindung adäquat zu berücksichtigen.
Auf die einzelnen Techniken und ihre zugrundeliegenden Ideen soll in dieser Arbeit ebensowenig eingegangen werden wie auf ihre Modellierung oder ihre spezifischen Stärken und Schwächen. Einen guten Überblick über ALM-Techniken liefert zum Beispiel Fechter [10] oder van der Meer [28].

Viele der heute bei Banken und Versicherungen eingesetzten Techniken, wie das Cashflow Matching, die Gap Analyse oder die Duration sind statischer Natur. Sie betrachten die Zahlungsströme eines Unternehmens zu einem bestimmten Zeitpunkt und ignorieren damit die unsichere zukünftige Entwicklung der Risikofaktoren oder des Neugeschäfts.
Ein wichtiges Merkmal ist auch die Möglichkeit der Entscheidungsfindung. Viele Techniken erlauben, Entscheidungen nur zum heutigen Zeitpunkt treffen zu können. Da Unternehmen aber in der Regel von einer zeitlich unbegrenzten Geschäftstätigkeit ausgehen, stellt die Vernachlässigung von zukünftigen Entscheidungsmöglichkeiten eine gravierende Einschränkung der Realität dar.

Im Hinblick auf die in Abschnitt 2.1 vorgenommene Definition des Asset-Liability Managements ergibt sich zukünftig als eine der wichtigsten Aufgaben, die zielkonforme Abstimmung der Risiken der Aktiv- und Passivseite sowie deren Abhängigkeiten von gesamtwirtschaftlichen Variablen zu untersuchen. Viele der vorgeschlagenen Techniken können diesen Anforderungen nicht gerecht werden, da sie entweder überhaupt nicht in der Lage sind, Risiken adäquat zu messen (z. B. Fälligkeitsprofile), sich nur auf ein spezielles Risiko beziehen (z. B. das Zinsrisiko im Falle von Immunisierungstechniken) oder statisch sind.
Verfolgt man einen gesamtunternehmensbezogenen Ansatz, der versucht, die Realtität möglichst exakt abzubilden und die wesentlichen Strukturmerkmale des Unternehmens zu berücksichtigen, so benötigt man ein Modell, das idealerweise folgende Eigenschaften aufweist:

1. Die Risiken, die sich sowohl aus dem Altgeschäft als auch aus zukünftigen Anlageentscheidungen ergeben, können abgeschätzt werden. Insbesondere kann durch Vorgabe von Szenarien auch die Fähigkeit des Unternehmens getestet werden, z. B. Extrementwicklungen auf den Kapitalmärkten begegnen zu können.

2. Das Modell erfasst die Strukturmerkmale des Unternehmensgeschäfts hinreichend gut, das heißt es lassen sich alle Geschäftsvorfälle, Produkte und Finanzierungsinstrumente berücksichtigen.

3. Durch die Variation von Risikofaktoren kann ein genaues Maß der Sensitivität der Zielgröße errechnet werden.

4. Es lassen sich unterschiedliche Zielgrößen modellieren und analysieren.

5. Die Berechnungsergebnisse sind personenunabhängig.

6. Der Datenumfang ist möglichst gering, so dass die Kosten für die Datenbereitstellung und -verarbeitung vertretbar bleiben.

In Kapitel 3 soll ein Modell entwickelt werden, das die beschriebene Komplexität des Asset-Liability Managements abbilden kann. Es handelt sich um ein mehrstufiges stochastisches lineares Programm, das eine große Flexibilität besitzt und die Bewertung und Optimierung des dynamischen Entscheidungsprozesses unter Berücksichtigung der stochastischen Entwicklung maßgeblicher Einflussfaktoren vornehmen kann.

# Kapitel 3

# Das ALM - Modell

In diesem Kapitel soll ein Asset-Liability Management Modell vorgestellt werden, das als Entscheidungshilfe bei der Bildung des Aktiv- und Passivportfolios verwendet werden kann. Das Ziel ist also, ein Wertpapierportfolio mit minimalen Kosten zusammenzustellen, mit dessen Hilfe das Unternehmen die eingegangenen Zahlungsverpflichtungen in der Zukunft erfüllen kann. Dabei dürfen sowohl die Wertpapierrückflüsse als auch die Zahlungsverpflichtungen stochastisch sein.

Obwohl das ALM-Problem prinzipiell ein zeitstetiges Entscheidungsproblem ist, bei dem das Portfolio beständig an den vorliegenden Informationsstand angepasst wird, betrachten wir ein Modell, bei dem das Portfolio nur zu diskreten Zeitpunkten umgeschichtet werden kann. Der Grund hierfür ist, dass die explizite Lösung zeitstetiger Probleme nur für wenige Nutzenfunktionen und bei sehr strikten Modellannahmen bekannt ist. Da die meisten Investoren ihr Portfolio aber ohnehin nicht kontinuierlich, sondern lediglich zu fixen Zeitpunkten umschichten wollen, stellt dies keine all zu große Einschränkung der Realität dar.

## 3.1 Modellbeschreibung

Eine der zentralen Fragen bei der Formulierung eines ALM-Modells ist, wie die Beschreibung der Unsicherheit, die sich aufgrund der unbekannten Marktentwicklung ergibt, erfolgen soll. Wir wollen im folgenden die Unsicherheit durch einen Ereignisbaum darstellen, bei dem jeder Knoten einen für möglich gehaltenen Umweltzustand in der Zukunft repräsentiert. Jeder Zustand wird dabei vollständig durch die Preise, Zinsen und Dividenden der betrachteten Wertpapiere beschrieben.

Abbildung 3.1 zeigt einen möglichen Ereignisbaum. Es handelt sich dabei um einen rekombinierenden Binomialbaum, da jeder Knoten im Baum genau zwei Nachfolgeknoten besitzt und da angenommen wird, dass der Zustand, der sich aufgrund einer Aufwärts- und einer Abwärtsbewegung ergibt, gleich dem Zustand nach einer Abwärtsbewegung gefolgt von einer Aufwärtsbewegung ist.

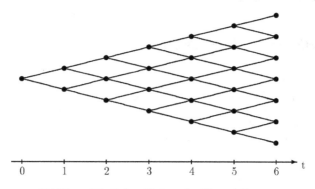

Abbildung 3.1: Rekombinierender Binomialbaum

Betrachtet werden endlich viele Zeitpunkte $t = 0, \ldots, T$. Zum heutigen Zeitpunkt ($t = 0$) existiert nur ein Umweltzustand. Wir nehmen an, dass die heutigen Vermögenswerte und Verbindlichkeiten, die sich aus der früheren Geschäftstätigkeit ergeben, ebenso bekannt sind wie die aktuellen Preise der gehandelten Wertpapiere. Ausgehend von diesem Zustand gibt es genau zwei Umweltzustände, die mit positiver Wahrscheinlichkeit zum Zeitpunkt $t = 1$ eintreten können. Welcher Zustand das tatsächlich sein wird, wird erst zum Zeitpunkt $t = 1$ bekannt sein.

Es wird unterstellt, dass der Investor in jedem möglichen Zustand, d. h. in jedem Knoten des Baumes, eine Anlageentscheidung treffen kann, die auf dem jeweils vorliegenden Informationsstand beruht. Dem Investor ist zum Zeitpunkt $t$ also bekannt, wie sich sein Portfolio und die Marktgegebenheiten in den $t$ vorangegangenen Perioden entwickelt haben. Allerdings ist die optimale Anlagestrategie nicht-antizipativ, d. h. für den Investor ist nicht vorhersehbar, welche Umweltzustände in Zukunft eintreten werden und daher hängen Entscheidungen zum Zeitpunkt $t$ nicht von Beobachtungen aus späteren Perioden ab.

Eine wichtige Eigenschaft des Modells ist, dass abhängig vom Umweltzustand, der zu einem Zeitpunkt eintritt, unterschiedliche Entscheidungen getroffen werden können. Je nach Marktentwicklung werden daher Anlageentscheidungen unterschiedlich vorgenommen werden. Im Gegensatz zum Ereignisbaum der möglichen Umweltzustände kann daher der Zustandsbaum, der die Portfoliozusammensetzung und Zahlungsverpflichtungen im Zeitablauf beschreibt, nicht rekombinierend sein. Abbildung 3.2 zeigt einen Szenarienbaum, der alle für möglich gehaltenen Pfade darstellt.

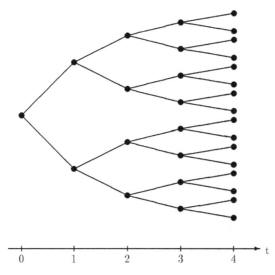

Abbildung 3.2: Nicht-rekombinierender Binomialbaum

Bei der mehrstufigen stochastischen Programmierung wird also heute zum Zeitpunkt $t = 0$ eine Anlageentscheidung getroffen, obwohl die Beobachtungen $\omega_t$ in späteren Zeitpunkten $t > 0$ innerhalb des Planungszeitraumes $[0, T]$ noch unbekannt sind. Trotzdem haben natürlich die möglichen zukünftigen Ereignisse Einfluss auf die optimale Entscheidung und damit auch auf die Kosten zur Bildung des anfänglichen Portfolios.

Ein wesentlicher Vorteil gegenüber statischen und einperiodigen Modellen ist die Möglichkeit, das Portfolio als Reaktion auf zukünftige Ereignisse rebalancieren zu können. Dies kann erheblichen Einfluss auf die optimale Zusammensetzung des heutigen Portfolios haben. Zum einen hat man eine größere Freiheit, kurzfristige Gewinne zu realisieren, da Entscheidungen nicht für alle Ewigkeit getroffen werden müssen. Zum anderen kann es sinnvoll sein, insbesondere wenn es vorstellbar ist, dass sich die Umwelt sehr schnell verändert, heute einen gewissen Preis dafür zu zahlen, in der Zukunft flexibel zu bleiben.

## 3.2 Notation

Das im vorigen Abschnitt beschriebene ALM-Modell soll nun als mehrstufiges stochastisches Programm formal exakt formuliert werden. Dazu wollen wir zunächst folgende Bezeichnungen einführen:

$S_i^{t,n} = $ Preis des $i$-ten Wertpapiers zum Zeitpunkt $t$ im Zustand $n$

$D_i^{t,n} = $ Dividendenzahlung des $i$-ten Wertpapiers zum Zeitpunkt $t$ im Zustand $n$

$P_t^n = $ Preis der risikolosen Anlage, die eine DM zum Zeitpunkt $t + 1$ zurückzahlt

$L_t^s = $ Zahlungsverpflichtung zum Zeitpunkt $t$ im Zustand $s$

$xh_i^{t,s} = $ Anzahl Einheiten des Wertpapiers $i$, die zum Zeitpunkt $t$ nach Umschichtung im Portfolio gehalten werden

$xb_i^{t,s} = $ Anzahl Einheiten des Wertpapiers $i$, die zum Zeitpunkt $t$ im Zustand $s$ hinzugekauft werden

$xs_i^{t,s} = $ Anzahl Einheiten des Wertpapiers $i$, die zum Zeitpunkt $t$ im Zustand $s$ verkauft werden

$\bar{x}_i^0 = $ Anfangsbestand von Wertpapier $i$

$y_t^s = $ Volumen der risikolosen Anlage zum Zeitpunkt $t$ im Zustand $s$

$z_t^s = $ Einperiodige Kreditaufnahme zum Zeitpunkt $t$ im Zustand $s$

$y_T^s = $ Portfoliowert am Planungshorizont im Zustand $s$

$\bar{Z}_t^n = $ Beschränkung der einperiodigen Kreditaufnahme zum Zeitpunkt $t$ im Zustand $n$

$\kappa = $ Zinsspanne zwischen einperiodiger Kreditaufnahme und Geldanlage

$c = $ Transaktionskostensatz

$\eta_T^s = $ Eintrittswahrscheinlichkeit des Zustands $s$ zum Zeitpunkt $T$

$\Delta = $ Länge einer Zeitperiode im Ereignisbaum

$I = $ Anzahl der vom Investor betrachteten Wertpapiere

Die unterschiedliche Bezeichnung eines Zustandes mit $n$ bzw. $s$ soll andeuten, ob die Entwicklung der entsprechenden Größe durch einen rekombinierenden oder nicht-rekombinierenden Baum beschrieben wird. Während $n$ immer einen Knoten im rekombinierenden Ereignisbaum repräsentiert, bezeichnet $s$ streng genommen ein Szenario, d. h. einen Pfad im nicht-rekombinierenden

Baum, dem aber in eindeutiger Weise ein Zustand zugeordnet werden kann.

Das ALM-Modell, das auf der kommenden Seite dargestellt ist, setzt sich aus folgenden Bestandteilen zusammen:

1. Zielfunktion:
   Aus der Menge der zulässigen Anlagestrategien, soll diejenige ausgewählt werden, die heute die geringsten Kosten verursacht. Die ersten vier Terme in (1) umfassen dabei den Betrag, der für zusätzliche Investitionen zum Zeitpunkt $t = 0$ aufgewandt werden muss. Im einzelnen sind das Wertpapierkäufe bzw. -verkäufe einschließlich Transaktionskosten und die Geldanlage bzw. -aufnahme im einperiodigen, risikolosen Bond. Der letzte Term ist der erwartete Nutzen des Portfoliowertes am Planungshorizont, der die Zahlungsverpflichtungen übersteigt.

2. Nebenbedingungen:

   (a) Portfolio-Balance: Die Bedingungen (2) und (3) gewährleisten, dass das Volumen eines Wertpapiers, das zu Beginn einer Periode im Portfolio gehalten wird, mit dem Volumen der Vorperiode zuzüglich dem Volumen, das neu hinzugekauft wurde und abzüglich dem Volumen, das verkauft wurde, übereinstimmt.

   (b) Cash-Balance: Die Nebenbedingungen (4) und (5) stellen sicher, dass in jedem Knoten durch Zahlungseingänge genügend Geldmittel zur Verfügung stehen, um Zahlungsverpflichtungen erfüllen und Investitionen tätigen zu können.
   Die ersten beiden Terme in (4) beschreiben den Cashflow, der sich durch Wertpapierverkäufe und -käufe ergibt. Der dritte Term ist die Summe aller Dividendenzahlungen, die dem Investor zufließen. Die restlichen vier Terme der linken Seite sind Zahlungseingänge bzw. -abgänge durch Geldanlage bzw. -aufnahme im einperiodigen risikolosen Bond.
   Die linke Seite von Gleichung (5) liefert den Portfoliowert am Planungshorizont für jedes Szenario. Er setzt sich zusammen aus den Preisen und Dividenden der im Portfolio befindlichen Wertpapiere sowie dem Cashflow aus der risikolosen Anlage. $y_T^s$ beschreibt den Teil des Portfoliowertes, der die Zahlungsverpflichtungen $L_T^s$ übersteigt.

   (c) Schranken:
   Die Ungleichungen (6) bis (8) schließen Leerverkäufe von Wertpapieren aus und legen Obergrenzen für kurzfristige Geldmarktkredite fest.

$$\begin{cases}
\textbf{Minimiere} \\[2pt]
(1+c)\sum_{i=1}^{I} S_i^0 x b_i^0 - (1-c)\sum_{i=1}^{I} S_i^0 x s_i^0 + P_0 y_0 - e^{-\kappa\Delta} P_0 z_0 - \sum_{s\in\mathcal{S}_T} \eta_T^s \mathcal{U}(y_T^s) \qquad (1) \\[6pt]
\textbf{U.d.N.} \\[2pt]
\begin{aligned}
x h_i^0 &= \bar{x}_i^0 + x b_i^0 - x s_i^0 & \forall i = 1,\dots,I \qquad (2) \\
x h_i^{t,s} &= x h_i^{t-1,s^-} + x b_i^{t,s} - x s_i^{t,s} & \forall i \,;\forall s \in \mathcal{S}_t,\, t = 1,\dots,T-1 \qquad (3)
\end{aligned} \\[4pt]
(1-c)\sum_{i=1}^{I} S_i^{t,n(s)} x s_i^{t,s} - (1+c)\sum_{i=1}^{I} S_i^{t,n(s)} x b_i^{t,s} + \sum_{i=1}^{I} D_i^{t,n(s)} x h_i^{t-1,s^-} + y_{t-1}^{s^-} \\
\qquad -z_{t-1}^{s^-} - P_t^{n(s)} y_t^s + e^{-\kappa\Delta} P_t^{n(s)} z_t^s = L_t^s \qquad \forall s \in \mathcal{S}_t,\, t = 1,\dots,T-1 \qquad (4) \\[4pt]
\sum_{i=1}^{I}\left(S_i^{T,n(s)} + D_i^{T,n(s)}\right) x h_i^{T-1,s^-} + y_{T-1}^{s^-} - z_{T-1}^{s^-} - y_T^s = L^s \qquad \forall s \in \mathcal{S}_T \qquad (5) \\[4pt]
\begin{aligned}
x h_i^{t,s},\, x b_i^{t,s},\, x s_i^{t,s} &\geq 0 & \forall i\,;\forall s \in \mathcal{S}_t,\, t = 0,\dots,T-1 \qquad (6) \\
y_t^s &\geq 0 & \forall s \in \mathcal{S}_t,\, t = 0,\dots,T \qquad (7) \\
0 \leq z_t^s &\leq \bar{Z}_t^{n(s)} & \forall s \in \mathcal{S}_t,\, t = 0,\dots,T-1 \qquad (8)
\end{aligned}
\end{cases}$$

Eine Lösung dieses Modells besteht also aus der heutigen Entscheidung, ein Portfolio zusammenzustellen, und einer Reihe von Portfolioumschichtungen in der Zukunft, die von der Marktentwicklung abhängen werden. Eine solche Lösung bezeichnet man auch als dynamische Politik oder Strategie. Wird die Nutzenfunktion linear gewählt, so handelt es sich um ein mehrstufiges stochastisches lineares Programm.

## 3.3 Modelleigenschaften

### 3.3.1 Arbitragefreie Szenarien

Eine grundlegende Anforderung, die an ein Portfoliooptimierungsmodell gestellt werden muss, ist, dass es keine Arbitragemöglichkeiten zulässt. Es darf also keinen Umweltzustand geben, in dem ein Portfolio gebildet werden kann, dessen Preis 0 ist und das mit positiver Wahrscheinlichkeit eine positive Rückzahlung aber niemals eine negative Auszahlung hat.

In der Praxis können zwar Arbitragemöglichkeiten beobachtet werden, ihre Existenz ist jedoch oftmals nur von kurzer Dauer und ihr Auftreten nicht vorhersagbar. Es ist deshalb nicht sinnvoll, zuzulassen, dass Arbitragemöglichkeiten systematisch in einer ALM-Politik ausgenutzt werden können.

Klaassen konnte in [20] sogar zeigen, dass die Existenz von Arbitragemöglichkeiten in Portfoliooptimierungsmodellen einen erheblichen Einfluss auf die optimale Lösung hat, hervorgerufen durch Gewinnmöglichkeiten innerhalb des Modells, die in der Realität kaum wahrgenommen werden könnten.

Harrison und Kreps haben in [14] eine wichtige Charakterisierung für arbitragefreie Wertpapierpreise in einem Zustandsbaum hergeleitet, falls der Markt vollkommen ist.[1]

**Satz 3.1 (Harrison und Kreps)**
*Die Wertpapierpreise in einem vollkommenen Zustandsbaum sind genau dann arbitragefrei, wenn es ein positives risikoneutrales Wahrscheinlichkeitsmaß auf dem Zustandsbaum derart gibt, dass in jedem beliebigen Zustand der erwarteten einperiodige Ertrag bezogen auf das Wahrscheinlichkeitsmaß identisch ist für alle Wertpapiere.*

Der Satz von Harrison und Kreps besagt, dass genau dann keine Arbitragemöglichkeiten existieren, wenn es ein Wahrscheinlichkeitsmaß $\pi$ derart gibt, dass

$$\frac{\sum\limits_{n^+} \pi_{t/t+1}^{n/n^+}(S_i^{t+1,n^+} + D_i^{t+1,n^+})}{S_i^{t,n}} = \frac{\sum\limits_{n^+} \pi_{t/t+1}^{n/n^+}(S_j^{t+1,n^+} + D_j^{t+1,n^+})}{S_j^{t,n}} \tag{3.1}$$

für alle Wertpapiere $i, j$, Knoten $n$ und Zeitpunkte $t$ gilt. Die beiden Summen laufen jeweils über alle Nachfolgezustände $n^+$ des Zustands $n$. Da wir vorausgesetzt haben, dass stets eine risikolose einperiodige Geldanlage existiert, folgt aus 3.1 insbesondere:

$$\frac{\sum\limits_{n^+} \pi_{t/t+1}^{n/n^+}(S_i^{t+1,n^+} + D_i^{t+1,n^+})}{S_i^{t,n}} = \frac{\sum\limits_{n^+} \pi_{t/t+1}^{n/n^+}(1+0)}{P_t^n} = \frac{1}{P_t^n} \tag{3.2}$$

Daher kann der Satz auch wie folgt formuliert werden:
Es gibt genau dann keine Arbitragemöglichkeiten, wenn ein Wahrscheinlichkeitsmaß $\pi$ existiert, so dass für alle Wertpapiere zu jedem Zeitpunkt und in jedem Knoten

$$S_i^{t,n} = P_t^n \sum\limits_{n^+} \pi_{t/t+1}^{n/n^+}(S_i^{t+1,n^+} + D_i^{t+1,n^+}) \tag{3.3}$$

gilt. Die Frage, wie ein Zustandsbaum konstruiert werden muss, damit die Wertpapierpreise arbitragefrei sind, wird in Kapitel 4.1.1 genauer untersucht.

---

[1]Man bezeichnet einen Markt als vollkommen, wenn es keine Steuern und Transaktionskosten gibt, alle Wertpapiere beliebig teilbar sind, Haben- und Sollzins identisch sind und Leerverkäufe zulässig sind.

## 3.3.2 Benötigte Inputdaten

Überprüft man die in Kapitel 2.3 für wünschenswert erachteten Eigenschaften eines ALM-Modells an unserem mehrstufigen stochastischen Programm, so fällt auf, dass lediglich der Punkt der Datenbereitstellung problematisch ist. So müssen, um das ALM-Modell implementieren zu können, folgende Entscheidungen und Annahmen getroffen werden:

1. Man muss festlegen, welche Aktiva das Unternehmen bilden kann. Für eine Bank stellt sich zum Beispiel die Frage, welche Kreditarten sie anbieten und in welche Wertpapiere sie investieren möchte.

2. Es sind Annahmen über die erwarteten Rückflüsse aus diesen Aktiva zu treffen.

3. Man muss abschätzen, welche Kapitalgewinne und -verluste beim Verkauf der Wertpapiere bzw. bei der Rückzahlung oder dem Ausfall von Krediten im Zeitablauf eintreten können.

4. Es gilt die Passiva zu identifizieren, d. h. eine Bank muss entscheiden, welche Einlageformen sie anbieten, welche eigenen Anleihen sie begeben möchte.

5. Zukünftige Zahlungsverpflichtungen, die man durch Bildung der Passiva eingeht, müssen abgeschätzt werden.

6. Man muss das Neugeschäft und die Rate, mit der Einlagen abgezogen werden, modellieren.

7. Es gilt zu berücksichtigen, welche Auswirkungen mögliche gesellschaftliche, rechtliche oder steuerliche Veränderungen auf zukünftige Zahlungsverpflichtungen haben.

8. Es sind alle rechtlichen Vorschriften, aber auch unternehmensspezifische Zielsetzungen und Beschränkungen zu beachten.

Die Güte des Modells hängt nicht nur davon ab, wie gut es gelingt, die relevanten Größen zu schätzen und wie man die Unsicherheit innerhalb des Modells beschreibt. Entscheidend wird auch der Grad der Unsicherheit sein, den man mit dem Modell überhaupt abbilden kann.

## 3.3.3 Größenordnung des ALM-Programms

Die heutigen Wertpapierpreise, die in das ALM-Modell eingehen, spiegeln die Erwartungen der Investoren über zukünftige Preise und Cashflows wider. Da unser Ereignisbaum als Beschreibung der zukünftigen Marktentwicklung dient, ist es wichtig, dass diese Erwartungen korrekt widergegeben werden. Mit anderen Worten sollte unser Ereignisbaum konsistent zu den beobachtbaren Marktpreisen sein.
Es kann beobachtet werden, dass die Anzahl der Zeitstufen, die benötigt werden, um eine Übereinstimmung der berechneten Modellpreise mit den Marktpreisen zu erreichen, sehr groß ist.[2] Da aber die Größe unseres Ereignisbaumes exponentiell mit der Anzahl der Handelszeitpunkte wächst, kann nur ein relativ kleiner Teil der Unsicherheit in unser stochastisches Programm einbezogen werden.

Die folgende Tabelle 3.1 zeigt, wie sich die Anzahl der Variablen und Nebenbedingungen des in Kapitel 5 betrachteten Anwendungsbeispiels mit Zunahme des Planungshorizontes erhöht. Man erkennt, dass mit jeder zusätzlichen Periode sich die Anzahl der Variablen und Nebenbedingungen mehr als verdoppelt. Damit nimmt die Größe des Programms schon bei wenig mehr als 10 Perioden so zu, dass eine exakte Lösung unmöglich wird.

| Horizont | 2 | 3 | 4 | 5 | 6 | 7 | 8 |
|---|---|---|---|---|---|---|---|
| Variable | 223 | 523 | 1123 | 2323 | 4723 | 9523 | 19123 |
| NB | 110 | 262 | 566 | 1174 | 2390 | 4822 | 9686 |

Tabelle 3.1: Größenentwicklung des ALM-Modells

Dank der sich rasant entwickelnden Computer-Technologie und der Entwicklung leistungsfähiger Optimierungsmethoden lassen sich mehrstufige stochastische Programme heute überhaupt lösen. Trotzdem bleibt der geringe Grad an Unsicherheit, der in das stochastische Programm einbezogen werden kann, die größte Schwäche dieses Ansatzes.
In den nun folgenden Kapiteln 4 und 5 sollen verschiedene Lösungsmöglichkeiten unseres mehrstufigen stochastischen Programms vorgeschlagen und an einem konkreten Anwendungsbeispiel überprüft werden.

---

[2]Vgl. Klaassen [18]

# Kapitel 4

# Lösungsansätze

## 4.1 Lineare Optimierung mit CPLEX

Bei dem in Kapitel 3 vorgestellten Modell handelt es sich, sofern die Nutzenfunktion linear gewählt wird, um ein lineares Programm. Daher kann das Problem prinzipiell mit den für die Lösung linearer Programme zur Verfügung stehenden Softwarepaketen gelöst werden. Ein sehr leistungsfähiges Programmpaket stellt das CPLEX-Programm der Firma ILOG dar.

Bei der konkreten Lösung des Modells müssen Annahmen bezüglich der Preisentwicklung der Wertpapiere, der Höhe ihrer Dividendenzahlungen und der Zahlungsverpflichtungen getroffen werden. In Kapitel 5 wird das Asset-Liability Management Problem aus Sicht einer Bank vorgestellt und eine optimale Anlagestrategie für ein konkretes Beispiel berechnet. Da der einzige Risikofaktor des Aktiv- und des Passivgeschäfts die zukünftige Zinsentwicklung sein wird, sei in einem Exkurs zunächst ein Zinsstrukturmodell vorgestellt, das von Thomas S. Ho und Sang-Bin Lee [16] hergeleitet wurde.

### 4.1.1 Das Zinsstrukturmodell nach Ho und Lee

Ausgangspunkt der Arbeit von Ho/Lee war der Wunsch, eine allgemeine Methode zur Bewertung von zinsabhängigen Zahlungsansprüchen herzuleiten. Dazu war es nötig, die zukünftigen Bewegungen der Zinsstrukturkurve zu modellieren.

Die Idee des Modells ist es, die möglichen Ausprägungen der Zinsstrukturkurve in späteren Perioden aus der heutigen Zinskurve in einer Weise zu errechnen, dass unabdingbare Eigenschaften wie Arbitragefreiheit gewährleistet werden. Im folgenden sollen die Voraussetzungen und die wesentlichen Eigenschaften des Modells in knapper Form dargestellt werden.

**Modellvoraussetzungen**

1. Der Markt ist vollkommen.

2. Marktveränderungen treten zu diskreten Zeitpunkten ein. Einfachheitshalber entspricht jede Periode einer Zeiteinheit.

3. Der Anleihenmarkt ist vollständig, das heißt zu jedem Zeithorizont $T$ existiert ein Zerobond mit entsprechender Restlaufzeit $T$.

4. Zu jedem Zeitpunkt $t$ existiert eine endliche Anzahl von Umweltzuständen. $P_t^n(T)$ bezeichne den Preis eines Zerobonds zum Zeitpunkt $t$ im Zustand $n$, der nach weiteren $T$ Perioden eine DM zurückzahlt.

Die Diskontierungsfunktion $P_t^n(\cdot)$ muss dabei folgende Bedingungen erfüllen:

- Da die Funktion Wertpapierpreise repräsentiert, muss sie stets positiv sein, d.h. $P_t^n(\cdot) \geq 0 \quad \forall\, t, n$ erfüllen.

- Ein unmittelbar fälliger Zerobond ist genau eine DM wert, d.h. $P_t^n(0) = 1 \quad \forall\, t, n$

- Ein Zerobond, der erst in entfernter Zukunft fällig wird, hat einen vernachlässigbaren Wert, d.h. $\lim\limits_{T \to \infty} P_t^n(T) = 0 \quad \forall\, t, n$

Die Entwicklung der Zinsstrukturkurve wird durch einen rekombinierenden Binomialbaum, wie ihn Abbildung 3.1 zeigt, modelliert. Ausgehend von der heutigen Zinsstrukturkurve $P(\cdot)$ entfaltet sich der Baum, indem jeweils zwei mögliche Ausprägungen der Zinskurve einem Zustand folgen. Dabei sei angenommen, dass die Zinsstrukturkurve nur von der Anzahl der *up*-Bewegungen abhängt und nicht von der Reihenfolge, in der diese auftreten.

**Das arbitragefreie Zinsstrukturmodell**

Wir haben angenommen, dass zu jedem Zeitpunkt $t$ und jedem Zustand $n$ eine Diskontierungsfunktion $P_t^n(\cdot)$ vorliegt. Wenn niemand ein Zinssatzrisiko über die kommende Periode wahrnehmen würde, müsste die Zinsstrukturkurve nach einer *up*-Bewegung gleich der nach einer *down*-Bewegung sein. Um Arbitragemöglichkeiten zu vermeiden, müsste für die einzelnen Zinssätze nach Gleichung 3.3 zudem gelten:

$$P_{t+1}^n(T) = P_{t+1}^{n+1}(T) = \frac{P_t^n(T+1)}{P_t^n(1)} \qquad T = 0, 1, \dots$$

Der Ansatz, die Unsicherheit in der Entwicklung der Zinsstrukturkurve zu modellieren, besteht nun darin, Funktionen $h(T)$ und $h^*(T)$ zu definieren, die diese Identität stören. Formal besteht also folgender Zusammenhang

$$P_{t+1}^{n+1}(T) = \frac{P_t^n(T+1)}{P_t^n(1)} h(T) \qquad (4.1)$$

bei einer *up*-Bewegung und

$$P_{t+1}^n(T) = \frac{P_t^n(T+1)}{P_t^n(1)} h^*(T) \qquad (4.2)$$

bei einer *down*-Bewegung.

Die Störfunktionen bewirken also eine Abweichung der Zinsstrukturkurven von der Forward-Zinskurve. Möchte man nun den Zinsstrukturbaum konstruieren, so muss man neben der heutigen Zinsstrukturkurve die beiden Störfunktionen $h(T)$ und $h^*(T)$ bestimmen.

Eine notwendige Anforderung an die Störfunktionen ist, dass die ersten beiden Eigenschaften der Diskontierungsfunktion $P_t^n(\cdot)$ erhalten bleiben. Daher muss gelten, dass $h$ und $h^*$ stets positiv sind und $h(0) = h^*(0) = 1$ erfüllt ist.

Als nächstes wollen wir ausschließen, dass es möglich ist, durch Bildung irgendwelcher Portfolios, Arbitragegewinne zu erzielen. Dies führt in jedem Knoten $(t, n)$ zu folgender Bedingung an unsere Störfunktionen $h$ und $h^*$:

**Lemma 4.1** *Es gibt genau dann keine Arbitragemöglichkeiten in einem Umweltzustand, wenn es eine Konstante $\pi$ gibt, so dass für $t, n > 0$ gilt:*

$$\pi h(T) + (1 - \pi) h^*(T) = 1 \qquad (4.3)$$

Man beachte, dass $\pi$ unabhängig vom Zeithorizont $T$ und der heutigen Diskontierungsfunktion $P(T)$ ist, möglicherweise aber vom Umweltzustand $(t, n)$ abhängt. $\pi$ kann als risikoneutrales Wahrscheinlichkeitsmaß interpretiert werden.

**Beweis 4.1** Nach Voraussetzung können wir zu jedem Zeitpunkt $t$ und jedem Zustand $n$ ein Portfolio bilden, das aus einem Zerobond mit Restlaufzeit $T$ und $\xi$ Zerobonds mit Restlaufzeit $t$ besteht. Der Wert des Portfolios beträgt dann $V = P(T) + \xi P(t)$ [1]

---

[1]Aus Gründen der besseren Lesbarkeit wird auf das Mitführen der Indizes $(t, n)$ verzichtet.

Tritt am Ende der Periode eine *up*-Bewegung auf, so folgt aus 4.1 für den Portfoliowert

$$V^{up} = \frac{P(T)h(T-1) + \xi P(t)h(t-1)}{P(1)} \tag{4.4}$$

Analog ergibt sich im Falle einer *down*-Bewegung

$$V^{down} = \frac{P(T)h^*(T-1) + \xi P(t)h^*(t-1)}{P(1)} \tag{4.5}$$

$\xi$ sei dabei so gewählt, dass gilt $V^{up} = V^{down}$. Somit folgt für $\xi$ aus 4.4 und 4.5:

$$\xi = \frac{P(T)\,[h(T-1) - h^*(T-1)]}{P(t)\,[h^*(t-1) - h(t-1)]} \tag{4.6}$$

Es existieren nun genau dann keine Arbitragemöglichkeiten, wenn die Rendite unseres Portfolios über eine Periode, der des einperiodigen Zerobonds entspricht, d. h.

$$\frac{V^{down}}{V} = \frac{1}{P(1)}$$

$\overset{4.5}{\Leftrightarrow}$  $P(T)h^*(T-1) + \xi P(t)h^*(t-1) = P(T) + \xi P(t)$

$\overset{4.6}{\Leftrightarrow}$  $P(T)h^*(T-1) + \dfrac{P(T)[h(T-1)-h^*(T-1)]}{P(t)[h^*(t-1)-h(t-1)]}P(t)h^*(t-1) =$

$$P(T) + \frac{P(T)[h(T-1)-h^*(T-1)]}{P(t)[h^*(t-1)-h(t-1)]}P(t)$$

$\Leftrightarrow$  $\dfrac{-P(T)h^*(T-1)h(t-1) + P(T)h^*(t-1)h(T-1)}{[h^*(t-1)-h(t-1)]} =$

$$\frac{P(T)[h^*(t-1)-h(t-1)] + P(T)[h(T-1)-h^*(T-1)]}{[h^*(t-1)-h(t-1)]}$$

$\Leftrightarrow$  $-h^*(T-1)h(t-1) + h^*(t-1)h(T-1)$

$$= h^*(t-1) - h(t-1) + h(T-1) - h^*(T-1)$$

$\Leftrightarrow$  $[1 - h^*(T-1)][h(t-1) - h^*(t-1)]$

$$= [1 - h^*(t-1)][h(T-1) - h^*(T-1)]$$

$\Leftrightarrow$  $\dfrac{1 - h^*(T-1)}{h(T-1) - h^*(T-1)} = \dfrac{1 - h^*(t-1)}{h(t-1) - h^*(t-1)}$

Diese Gleichung gilt genau dann für alle $T$ und $t$, wenn eine Konstante $\pi$ existiert, mit:

$$\pi = \frac{1 - h^*(T)}{h(T) - h^*(T)} \tag{4.7}$$

Gleichung 4.7 ist äquivalent zu:

$$\pi h(T) + (1 - \pi)h^*(T) = 1 \quad \forall \, T = 0, 1, \ldots$$

$\square$

Wir hatten angenommen, dass unser Binomialbaum rekombinierend ist, dass die Diskontierungsfunktionen also nur von der Anzahl der *up*-Bewegungen und nicht von der Reihenfolge ihres Auftretens abhängen. Diese Annahme ist gleichbedeutend mit einer zusätzlichen Restriktion an unsere Störfunktionen $h$ und $h^*$ sowie das Wahrscheinlichkeitsmaß $\pi$. Wir müssen sicherstellen, dass zu einem beliebigen Zeitpunkt und einem beliebigen Zustand der Preis eines Zerobonds nach einer *up*-Bewegung gefolgt von einer *down*-Bewegung gleich dem ist nach einer *down*-Bewegung gefolgt von einer *up*-Bewegung.
Mit den Gleichungen 4.1 und 4.2 erhält man:

$$
\begin{aligned}
P_{t+2}^{n+1}(T) \;&\overset{down}{=}\; \frac{P_{t+1}^{n+1}(T+1)}{P_{t+1}^{n+1}(1)}h^*(T) \\[2mm]
&\overset{up}{=}\; \frac{P_t^n(T+2)}{P_t^n(1)P_{t+1}^{n+1}(1)}h^*(T)h(T+1) \\[2mm]
&\overset{up}{=}\; \frac{P_t^n(T+2)}{P_t^n(1)\frac{P_t^n(2)}{P_t^n(1)}h(1)}h^*(T)h(T+1) \\[2mm]
&=\; \frac{P_t^n(T+2)}{P_t^n(2)}\frac{h^*(T)h(T+1)}{h(1)}
\end{aligned}
\tag{4.8}
$$

Analog erhält man für die Diskontierungsfunktion nach einer *down*-Bewegung gefolgt von einer *up*-Bewegung:

$$
P_{t+2}^{n+1}(T) \;=\; \frac{P_t^n(T+2)}{P_t^n(2)}\frac{h^*(T+1)h(T)}{h^*(1)}
\tag{4.9}
$$

Die Rekombinationsbedingung impliziert also mit 4.8 und 4.9, dass

$$
\begin{aligned}
h(T+1)h^*(T)h^*(1) \;&=\; h^*(T+1)h(T)h(1) \\[2mm]
\overset{4.3}{\Leftrightarrow}\quad h(T+1)[1-\pi h(T)][1-\pi h(1)] \;&=\; (1-\pi)[1-\pi h(T+1)]h(T)h(1) \\[2mm]
\Leftrightarrow\quad \frac{[1-\pi h(T)][1-\pi h(1)]}{h(T)} \;&=\; \frac{(1-\pi)[1-\pi h(T+1)]h(1)}{h(T+1)} \\[2mm]
\Leftrightarrow\quad \frac{1-\pi h(1)}{h(T)} - \pi[1-\pi h(1)] \;&=\; \frac{(1-\pi)h(1)}{h(T+1)} - (1-\pi)\pi h(1) \\[2mm]
\Leftrightarrow\quad \frac{1}{h(T+1)} \;&=\; \frac{\delta}{h(T)} + \gamma
\end{aligned}
$$

mit $\quad \delta = \dfrac{1 - \pi h(1)}{(1 - \pi)h(1)} \quad$ und $\quad \gamma = \dfrac{\pi(h(1) - 1)}{(1 - \pi)h(1)}.$

Die letzte Gleichung ist eine lineare Differenzengleichung erster Ordnung, die die allgemeine Lösung

$$h(T) = \frac{1}{\pi + c\delta^T} \tag{4.10}$$

besitzt. Da wir vorausgesetzt hatten, dass $h(0) = 1$ ist, folgt $c = (1 - \pi)$ und damit erhalten wir die eindeutige Lösung

$$h(T) = \frac{1}{\pi + (1 - \pi)\delta^T} \quad T \geq 0 \tag{4.11}$$

Aus Gleichung 4.3 folgt dann

$$h^*(T) = \frac{\delta^T}{\pi + (1 - \pi)\delta^T} \quad T \geq 0 \tag{4.12}$$

Insgesamt gilt also, dass bei gegebenen Konstanten $\pi$ und $\delta$ das Modell durch 4.1, 4.2, 4.11 und 4.12 wohldefiniert ist. Wie die beiden Konstanten geschätzt werden können und wie sich dann die Entwicklung der Zinsstrukturkurve verhält, wird in Kapitel 5 an einem konkreten Beispiel gezeigt werden.

## 4.2   Aggregationsmethoden

Wie in Abschnitt 3.3.3 deutlich wurde, ist der Ereignisbaum, der sich aus dem Zinsstrukturmodell ergibt, oftmals viel zu groß, um ihn in ein stochastisches Programm einzubinden. Im folgenden sollen deshalb Aggregationsmethoden vorgestellt werden, die die Größe des Baumes reduzieren, ohne dass wünschenswerte Eigenschaften wie arbitragefreie Preise verloren gehen. Die Aggregationsmethoden wurden von Pieter Klaassen vorgeschlagen. Eine ausführlichere Darstellung findet sich in [18] und [19].

### 4.2.1   Zustands-Aggregation

Betrachten wir zunächst den Binomialbaum in Abbildung 4.1 (Schritt 0) mit Planungshorizont $T = 2$. Jeder Knoten $n$ zum Zeitpunkt $t$ wird vollständig repräsentiert durch den Preis der risikolosen Anlage $P_t^n$, die im Folgezustand eine DM zurückzahlt, den Preisen der Wertpapiere $S_i^{t,n}$ und den Dividendenzahlungen $D_i^{t,n}$. Wir nehmen an, dass in unserem Zustandsbaum keine Arbitragemöglichkeiten bestehen. Nach Satz 3.1 existiert daher ein risikoneutrales Wahrscheinlichkeitsmaß, das mit $\pi$ bezeichnet sei.

Schritt 0: Startzustand:

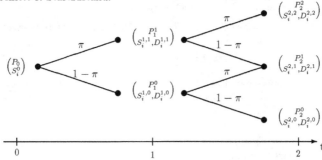

Schritt 1: Zustands-Aggregation in $t = 1$ :

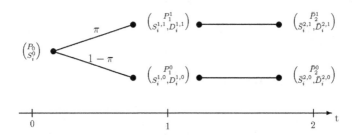

Schritt 2: Zustands-Aggregation in $t = 0$ :

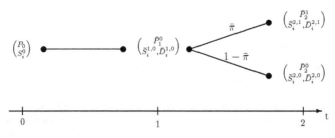

Abbildung 4.1: Zustands-Aggregation

Man sagt nun, dass eine Zustandsaggregation im Zustand $n$ zum Zeitpunkt $t$ durchgeführt wird, wenn alle Nachfolgezustände des Knotens zu einem einzigen Knoten zusammengelegt werden. Schritt 1 bzw. Schritt 2 in Abbildung 4.1 zeigen Zustandsaggregationen zum Zeitpunkt 1 bzw. 0. Die Dividenden $\bar{D}_i^{t,n}$ und die Wertpapierpreise $\bar{S}_i^{t,n}$ (ex-Dividende) in den aggregierten Zuständen ergeben sich aus den Überlegungen zu Satz 3.1. Für den Knoten 0 zum Zeitpunkt 1 gilt mit 3.3:

$$
\begin{aligned}
S_i^{1,0} &= P_1^0 \left[ \pi \left( S_i^{2,1} + D_i^{2,1} \right) + (1 - \pi) \left( S_i^{2,0} + D_i^{2,0} \right) \right] \\
&= P_1^0 \left( \bar{S}_i^{2,0} + \bar{D}_i^{2,0} \right)
\end{aligned}
\tag{4.13}
$$

wobei

$$
\begin{aligned}
\bar{S}_i^{2,0} &\equiv \pi S_i^{2,1} + (1 - \pi) S_i^{2,0} \\
\bar{D}_i^{2,0} &\equiv \pi D_i^{2,1} + (1 - \pi) D_i^{2,0}
\end{aligned}
\tag{4.14}
$$

Analog definiert man:

$$
\bar{P}_2^0 \equiv \pi P_2^1 + (1 - \pi) P_2^0
\tag{4.15}
$$

Die Aggregation in Zustand 1 zu $t = 1$ wird analog durchgeführt mit

$$
\begin{aligned}
\bar{S}_i^{2,1} &\equiv \pi S_i^{2,2} + (1 - \pi) S_i^{2,1} \\
\bar{D}_i^{2,1} &\equiv \pi D_i^{2,2} + (1 - \pi) D_i^{2,1} \\
\bar{P}_2^1 &\equiv \pi P_2^2 + (1 - \pi) P_2^1
\end{aligned}
\tag{4.16}
$$

Bei der Zustandsaggregation in $t = 0$ geht man wieder analog vor. Mit Überlegung 3.3 erhält man:

$$
\begin{aligned}
S_i^0 &= P_0 \left[ \pi \left( S_i^{1,1} + D_i^{1,1} \right) + (1 - \pi) \left( S_i^{1,0} + D_i^{1,0} \right) \right] \\
&= P_0 \left( \bar{S}_i^{1,0} + \bar{D}_i^{1,0} \right)
\end{aligned}
\tag{4.17}
$$

wobei

$$
\begin{aligned}
\bar{S}_i^{1,0} &\equiv \pi S_i^{1,1} + (1 - \pi) S_i^{1,0} \\
\bar{D}_i^{1,0} &\equiv \pi D_i^{1,1} + (1 - \pi) D_i^{1,0}
\end{aligned}
\tag{4.18}
$$

Gleichung 4.17 garantiert die Arbitragefreiheit in der ersten Periode. Um zu zeigen, dass dies auch für die zweite Periode gilt, definieren wir zunächst

$$
\bar{P}_1^0 \equiv \pi P_1^1 + (1 - \pi) P_1^0
\tag{4.19}
$$

Insgesamt ergibt sich dann aus 4.13 und 4.18:

$$
\begin{aligned}
\bar{S}_i^{1,0} &= \pi P_1^1 \left( \bar{S}_i^{2,1} + \bar{D}_i^{2,1} \right) + (1 - \pi) P_1^0 \left( \bar{S}_i^{2,0} + \bar{D}_i^{2,0} \right) \\
&= \bar{P}_1^0 \left[ \tfrac{\pi P_1^1}{\bar{P}_1^0} \left( \bar{S}_i^{2,1} + \bar{D}_i^{2,1} \right) + \tfrac{(1-\pi) P_1^0}{\bar{P}_1^0} \left( \bar{S}_i^{2,0} + \bar{D}_i^{2,0} \right) \right]
\end{aligned}
\tag{4.20}
$$

Definiert man nun $\bar{\pi} \equiv \frac{\pi P_1^1}{\bar{P}_1^0}$, so dient $\bar{\pi}$ als risikoneutrales Wahrscheinlichkeitsmaß und mit Satz 3.1 folgt, dass die Preise im aggregierten Zustandsbaum arbitragefrei sind.

## 4.2.2   Zeit-Aggregation

Unter einer Zeitaggregation versteht man das „Einsparen" einer Zeitstufe im Zustandsbaum. Konkret werden wir von einer Zeitaggregation im Zustand $n$ zur Zeit $t$ sprechen, wenn der Übergang von diesem Zustand zu seinen Folgezuständen ersetzt wird durch eine direkte Verbindung zu deren Nachfolgezuständen. Abbildung 4.2 beschreibt eine Zeitaggregation in unserem Zustandsbaum zum heutigen Zeitpunkt. Ausgangspunkt ist dabei der Baum, den wir nach durchgeführten Zustandsaggregationen aus Abbildung 4.1 kennen.

Schritt 2: Nach Zustands-Aggregation in $t = 0$ :

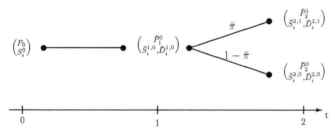

Schritt 3: Zeit-Aggregation in $t = 0$ :

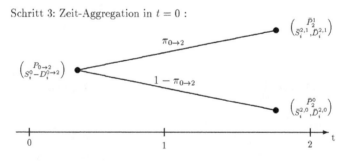

Abbildung 4.2: Zeit-Aggregation

Die Tatsache, dass wir durch eine Zeitaggregation einen Entscheidungszeit-
punkt verlieren und damit keine Portfolioumschichtungen vornehmen können, hat zur Folge, dass sowohl unsere einperiodige risikolose Anlage als
auch die Dividendenzahlungen und unsere Zahlungsverpflichtungen, die zum
Zeitpunkt $t = 1$ fällig geworden wären, anders definiert werden müssen. Es
ist klar, dass wir diese Zahlungen nicht einfach ignorieren können. Für die
Dividendenzahlungen und unsere Zahlungsverpflichtungen werden wir daher
annehmen, dass ihr arbitragefreier Wert bereits im vorangegangenen Knoten
ausgezahlt bzw. geleistet wurde. Die einperiodige risikolose Anlage definieren wir als ein Wertpapier, das eine DM zum Zeitpunkt 2 zurückzahlt und
bezeichnen ihren Preis mit $P_{0\to 2}$.

Für die Herleitung der Preise zum Zeitpunkt $t = 0$ setzen wir Gleichung 4.20
in Gleichung 4.17 ein und erhalten

$$
\begin{aligned}
S_i^0 &= P_0 \left\{ \bar{D}_i^{1,0} + \bar{P}_1^0 \left[ \bar{\pi} \left( \bar{S}_i^{2,1} + \bar{D}_i^{2,1} \right) + (1 - \bar{\pi}) \left( \bar{S}_i^{2,0} + \bar{D}_i^{2,0} \right) \right] \right\} \\
&= D_{0\to 2} + P_{0\to 2} \left[ \pi_{0\to 2} \left( \bar{S}_i^{2,1} + \bar{D}_i^{2,1} \right) + (1 - \pi_{0\to 2}) \left( \bar{S}_i^{2,0} + \bar{D}_i^{2,0} \right) \right]
\end{aligned}
$$

$$(4.21)$$

wobei

$$ D_{0\to 2} \equiv P_0 \bar{D}_i^{1,0}, \quad P_{0\to 2} \equiv P_0 \bar{P}_1^0, \quad \pi_{0\to 2} \equiv \bar{\pi} \tag{4.22} $$

Aus Gleichung 4.21 wird deutlich, dass der Preis des i-ten Wertpapiers zum
Zeitpunkt 0 die Summe ist, aus dem Gegenwartswert seiner Dividende zur
Zeit $t = 1$ und dem erwarteten Barwert seiner Dividende plus seinem (ex-
Dividende)-Preis zur Zeit $t = 2$. Der Diskontierungsfaktor ist dabei unsere
risikolose Anlage $P_{0\to 2}$. Aufgrund der Wahl von $\pi_{0\to 2}$ folgt mit Satz 3.1 wie-
der, dass die Preise im Zustandsbaum 4.2 arbitragefrei sind.

Abbildung 4.3 zeigt zusammenfassend, wie die Aggregationen eingesetzt werden können, um größere Bäume zu verkleinern. Die Reihenfolge, in der die Aggregationen durchgeführt werden, ist allerdings nicht eindeutig, so dass Bäume
unterschiedlicher Gestalt entstehen können.

### 4.2.3   Das aggregierte ALM-Modell

Werden durch Zeitaggregationen Zeitpunkte, an denen Portfolioumschichtungen möglich waren, eingespart, so ist offensichtlich, dass auch unser stochastisches Programm aus 3.2 daran angepasst werden muss. Die wesentlichen
Änderungen ergeben sich dadurch, dass Dividendenzahlungen und Zahlungsverpflichtungen, die nun zwischen zwei Handelszeitpunkten anfallen, im vor-

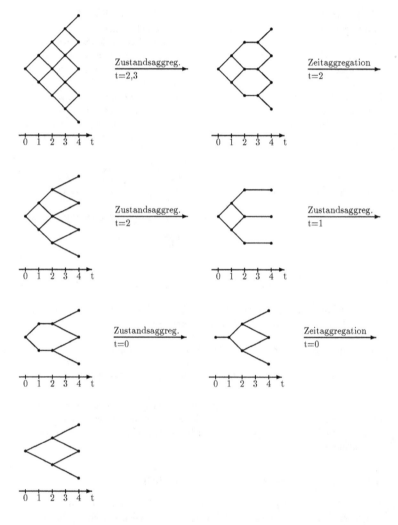

Abbildung 4.3: Aggregationen im Zustandsbaum mit $T = 4$

angegangenen Handelszeitpunkt berücksichtigt werden müssen.

Zur formalen Beschreibung eines aggregierten ALM-Modells benötigt man den Begriff des *Aggregationsgrades* eines Zustandes, worunter folgendes zu verstehen ist:
Ein Zustand $n$ zur Zeit $t$ besitzt den Aggregationsgrad $k$, wenn er eine Kombination aller Zustände zur Zeit $t$ des ursprünglichen Zustandsbaumes ist, die den Zustand $n$ zur Zeit $t - k$ als gemeinsamen Vorgänger im Ursprungsbaum haben. Abbildung 4.4 veranschaulicht diesen Sachverhalt.

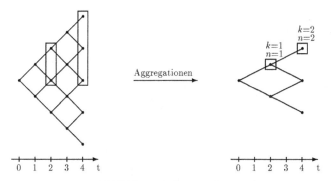

Abbildung 4.4: Aggregationsgrad

Da eine Zeitaggregation im Zustand $(t, n, k)$ die Periodenlänge zum nächsten Zustand erhöht, muss der Begriff der einperiodigen risikolosen Anlage in diesem Zustand anders definiert werden. Wir bezeichnen mit $P_{t \to t+\tau}^{(n,k)}$ den Preis einer (hypothetischen) risikolosen Anlage im Zustand $(t, n, k)$, die eine DM zum Zeitpunkt $t + \tau$ zurückzahlt und definieren:

$$P_{t \to t+\tau}^{(n,k)} \equiv \prod_{j=0}^{\tau-1} P_{t+j}^{(n,k+j)}$$

Wie bereits erwähnt, müssen Dividendenzahlungen und Zahlungsverpflichtungen in Zeitpunkten, die aufgrund von Zeitaggregationen eliminiert wurden, in früheren Knoten berücksichtigt werden. Wie im vorigen Abschnitt nehmen wir deshalb an, dass bei Durchführung einer Zeitaggregation in Zustand $(t, n, k)$ der arbitragefreie Wert dieser Zahlungen bereits in $(t, n, k)$ gezahlt bzw. geleistet werden muss.

Wir definieren daher:

$$D_{t\to t+\tau}^{(n,k)} \equiv \begin{cases} 0 & falls \quad \tau = 1 \\ \sum_{j=1}^{\tau-1} P_{t\to t+j}^{(n,k)} \cdot D_{t+j}^{(n,k+j)} & falls \quad \tau > 1 \end{cases}$$

und

$$L_{t\to t+\tau}^{(n,k)} \equiv \begin{cases} L_t^{(n,k)} & falls \quad \tau = 1 \\ \sum_{j=0}^{\tau-1} P_{t\to t+j}^{(n,k)} \cdot L_{t+j}^{(n,k+j)} & falls \quad \tau > 1 \end{cases}$$

Bezeichnen $t_0, t_1, \ldots, t_{T^A}$ mit $t_0 = 0$ und $t_{T^A} = T$ die Handelszeitpunkte in unserem aggregierten Zustandsbaum, so definieren wir die j-te Periode durch $\tau_j \equiv t_j - t_{j-1}$. Aus Gründen der besseren Lesbarkeit verzichten wir auf das Mitführen des jeweiligen Aggregationsgrades und nehmen an, dass alle Zustände zur Zeit $t_j$ Nachfolger zur Zeit $t_{j+1}$ besitzen. Dann lässt sich unser mehrstufiges stochastisches Programm wie folgt umformulieren:

**Minimiere**

$$(1+c) \sum_{i=1}^{I} S_i^{t_0} x b_i^{t_0} - (1-c) \sum_{i=1}^{I} S_i^{t_0} x s_i^{t_0} - \sum_{i=1}^{I} D_i^{t_0 \to t_1} x h_i^{t_0} + P_{t_0 \to t_1} y_{t_0}$$
$$-e^{-\kappa \Delta \tau_1} P_{t_0 \to t_1} z_{t_0} - \sum_{s \in \mathcal{S}_T} \eta_T^s \mathcal{U}(y_T^s) + L_{t_0 \to t_1} \qquad (1)$$

**U.d.N.**

$$xh_i^{t_0} = \bar{x}_i^{t_0} + xb_i^{t_0} - xs_i^{t_0} \qquad \forall i = 1, \ldots, I \qquad (2)$$

$$xh_i^{t_j,s} = xh_i^{t_{j-1},s^-} + xb_i^{t_j,s} - xs_i^{t_j,s} \qquad \forall i \, ; \forall s \in \mathcal{S}_{t_j}, j = 1, \ldots, T^A-1 \qquad (3)$$

$$(1-c) \sum_{i=1}^{I} S_i^{t_j,n(s)} xs_i^{t_j,s} - (1+c) \sum_{i=1}^{I} S_i^{t_j,n(s)} xb_i^{t_j,s} + \sum_{i=1}^{I} D_i^{t_j,n(s)} xh_i^{t_{j-1},s^-}$$
$$+ \sum_{i=1}^{I} D_i^{t_j \to t_{j+1},n(s)} xh_i^{t_j,s} + y_{t_{j-1}}^{s^-} - z_{t_{j-1}}^{s^-} - P_{t_j \to t_{j+1}}^{n(s)} y_{t_j}^s$$
$$+ e^{-\kappa \Delta \tau_{j+1}} P_{t_j \to t_{j+1}}^{n(s)} z_{t_j}^s = L_{t_j \to t_{j+1}}^s \qquad \forall s \in \mathcal{S}_{t_j}, j = 1, \ldots, T^A-1 \qquad (4)$$

$$\sum_{i=1}^{I} \left( S_i^{T,n(s)} + D_i^{T,n(s)} \right) xh_i^{t_{T^A-1},s^-} + y_{t_{T^A-1}}^{s^-} - z_{t_{T^A-1}}^{s^-} - y_T^s = L_T^s \qquad \forall s \in \mathcal{S}_T \qquad (5)$$

$$xh_i^{t_j,s}, xb_i^{t_j,s}, xs_i^{t_j,s} \geq 0 \qquad \forall i \, ; \forall s \in \mathcal{S}_{t_j}, j = 0, \ldots, T^A-1 \qquad (6)$$

$$y_{t_j}^s \geq 0 \qquad \forall s \in \mathcal{S}_{t_j}, j = 0, \ldots, T^A \qquad (7)$$

$$0 \leq z_{t_j}^s \leq \bar{Z}_{t_j \to t_{j+1}}^{n(s)} \qquad \forall s \in \mathcal{S}_{t_j}, j = 0, \ldots, T^A-1 \qquad (8)$$

## 4.2.4  Disaggregationsalgorithmus

Mit Hilfe der Zustands- und Zeitaggregationen lässt sich die Anzahl der Knoten im Zustandsbaum und damit die Anzahl der Szenarien reduzieren. Durch wiederholte Anwendung kann man die Anzahl der Szenarien beliebig (im Extremfall zu einem Szenario) verkleinern, ohne wünschenswerte Eigenschaften, wie die arbitragefreier Preise oder Konsistenz mit beobachtbaren Marktpreisen, zu verlieren. Die optimale Lösung des ALM-Modells wird aber im allgemeinen sehr sensitiv sein in Bezug auf den Grad der Unsicherheit, der vom Modell erfasst wird. Um also ein robustes Portfolio zu erhalten, sollte so viel Unsicherheit wie möglich durch das Modell abgebildet werden. Klaassen schlägt deshalb in [19] einen Lösungsalgorithmus für das ALM-Modell vor, der folgende Schritte umfasst:

1. Ausgangspunkt ist die Beschreibung der Unsicherheit bezüglich der zukünftigen Marktentwicklungen z. B. mittels eines Zinsstrukturmodells (vgl. Abschnitt 4.1.1).

2. Die Größe des Ereignisbaums wird mit Hilfe von Zustands- und Zeitaggregationen so weit reduziert, dass das ALM-Modell lösbar wird.

3. Durch Umkehrung von Zustands- und Zeitaggregationen an „lösungssensitiven" Stellen des aggregierten Baumes wird der Grad der Unsicherheit allmählich wieder erhöht.

Bei der Umsetzung dieses Algorithmus treten Schwierigkeiten auf, die vom Autor erkannt und zu lösen versucht wurden. So ist in Punkt 3 die Wahl des Knotens, in dem eine Disaggregation durchgeführt werden soll, nicht eindeutig und die Wirkungsweise des Auswahlverfahrens auf die Lösung unbekannt. Problematisch ist auch, dass das ALM-Modell nach einer Disaggregation (ebenso wie nach einer Aggregation) gleichzeitig eine Relaxation (wegen zusätzlicher Variablen) und eine Restriktion (wegen zusätzlicher Nebenbedingungen) des ALM-Modells vor einer Disaggregation (Aggregation) darstellt. Dies impliziert, dass eine optimale Lösung vor einer Disaggregation, nach einer Disaggregation nicht zulässig zu sein braucht. Neben der Suche nach einer zulässigen Lösung, ist auch das anschließende Starten eines Optimierungsalgorithmus zur Lösung des neuen Modells mit zusätzlichem Aufwand verbunden.

Ob für größere praktische Probleme die Anzahl der durchführbaren Iterationen befriedigend ist und inwieweit der zusätzliche theoretische und programmiertechnische Aufwand zur Verbesserung des ALM-Modells beiträgt, kann Klaassen nicht beantworten.

## 4.3   Genetische Algorithmen

Viele bekannte Optimierungsverfahren haben Schwierigkeiten oder versagen sogar gänzlich bei Aufgaben mit vielen Parametern oder nicht-konvexer Zielfunktion, bei denen viele lokale Optima existieren. Wünschenswert sind in solchen Fällen Optimierungsverfahren, die nicht direkt konvergieren, sondern den Suchraum breiter ausloten und dadurch lokalen Optima entkommen können. Ziel dieses Abschnittes ist es, einen Genetischen Algorithmus vorzustellen, der diese Eigenschaft besitzt, und mit dessen Hilfe wir unser ALM-Modell nährungsweise lösen wollen.

Die Evolution in der Natur lässt sich als eine Optimierung von Lebewesen auffassen, die sich an eine ständig verändernde Umwelt anpassen müssen. Die Vielzahl an Lebensformen, die mit erstaunlichsten Fähigkeiten ausgestattet sind und dadurch in unterschiedlichen Lebensräumen überleben können, zeigen die Effektivität der Evolution. Bedenkt man, dass der Evolutionsprozess seit über vier Milliarden Jahren andauert, so kann man annehmen, dass auch die Strategien, nach denen neue Individuen erzeugt werden, im Laufe der Zeit optimiert wurden, das heißt, dass auch auf der Meta-Ebene der Evolutionsstrategien eine Evolution stattgefunden hat. Daher ist zu vermuten, dass die am weitesten entwickelten Lebewesen auch über sehr effiziente Vererbungsmechanismen verfügen.

Ein Genetischer Algorithmus ist ein Lösungsverfahren, das die biologischen Prinzipien der Evolution nachzuahmen versucht. Aus einer Menge zulässiger Lösungen sollen mit Hilfe von Vererbungs- und Selektionsregeln bessere Lösungen generiert werden.

### 4.3.1   Genetischer Code

In der Natur kann beobachtet werden, dass Individuen, die besser an ihre Umweltbedingungen angepasst sind, eine höhere Überlebenswahrscheinlichkeit und damit verbunden auch eine höhere Wahrscheinlichkeit besitzen, die eigenen Erbanlagen weitergeben zu können. Etwas abstrakter formuliert bedeutet dies, dass erfolgreiche Innovationen „gespeichert" und erfolglose einfach „vergessen" werden. Im folgenden soll zunächst untersucht werden, wie eine Codierung der genetischen Information erfolgen kann.

Die Chromosomen sind die Träger der Gene, die die vollständige Erbinformation eines Lebewesens tragen. Jedes Gen nimmt innerhalb des Chromosoms eine bestimmte Position ein und steht für die Funktionalität einer ganz bestimmten Eigenschaft. Diese genetische Codierung wird bei Genetischen Algorithmen meist durch binäre Vektoren realisiert. Statt einer kompakten Darstellung mittels reeller Zahlen, wird damit einer möglichst breiten Codierung der Information der Vorzug gegeben. Die folgende Definition führt die wesentlichen Begriffe ein:

**Definition 4.1** *Gegeben sei die Grundmenge $\mathcal{M} = \{0, 1\}$*
*Ein binärer Vektor $x \in \mathcal{M}^n$ mit $x = (x_1, \ldots, x_n)$ und $x_i \in \mathcal{M}$ heißt Chromosom der Länge n. Jede Teilmenge $\mathcal{N}$ von $\mathcal{M}^n$ bezeichnet man als Population. Die i-te Position $x_i$ eines Chromosoms $x \in \mathcal{M}^n$ bezeichnet man als das i-te Gen des Chromosoms und seinen Wert als Allel.*

Im weiteren Verlauf wird der Begriff Individuum häufig synonym zu Chromosom benutzt werden. Ein Individuum setzt sich also zusammen aus den Variablen (Genen) des zugrundeliegenden Problems. Betrachtet man die Allele anstatt der Gene, so entspricht dies einer konkreten Realisation in unserem Suchraum.

### 4.3.2  Genetische Operatoren

Das Evolutionsprinzip basiert auf der natürlichen Selektion und der Vererbung von Merkmalen und Eigenschaften. Neben der Codierung der Information wird daher der richtige Einsatz von Vererbung und Selektion entscheidenden Einfluss auf die Wirkungsweise unseres Genetischen Algorithmus haben.

Ausgangspunkt der Betrachtung sei eine Menge zufällig erzeugter Individuen. Da die genetischen Informationen und damit die Güte eines Individuums nach seiner Erzeugung festliegen, können erst durch Anwendung sogenannter genetischer Operatoren neue Individuen entstehen. Die wichtigsten genetischen Operatoren sind

1. Crossover

2. Mutation

3. Inversion

4. Selektion

die im folgenden vorgestellt werden sollen.

**Crossover**

Die Crossover-Operation ist der wichtigste Vererbungsmechanismus bei Genetischen Algorithmen. Sie simuliert die Kreuzung zweier Individuen, indem ganze Teilsequenzen der Chromosome ausgetauscht werden. Konkret werden dazu zufällig zwei Individuen aus der Population ausgewählt und an einer zufällig bestimmten Stelle im String geteilt. Anschließend werden sie über Kreuz wieder zusammengesetzt, so dass auf diese Weise zwei neue Individuen entstehen. Abbildung 4.5 verdeutlicht diesen Sachverhalt[2]. Anstelle dieses *one-point-crossover* sind auch komplexere Varianten denkbar, bei denen die Genstränge an mehreren Positionen aufgebrochen werden. Die neuen Individuen werden dann auf die Weise erzeugt, dass alternierend von den Elternchromosomen der Abschnitt bis zur nächsten „Bruchstelle" kopiert wird.

Das Crossover-Verfahren stellt eine horizontale Informationsübertragung dar, da das Genmaterial von (in der Regel) zwei Individuen zu einem Individuum kombiniert wird. Man verbindet damit die Idee, den Suchraum effizient zu durchschreiten. In unzähligen Anwendungsbeispielen konnte bei geeigneter Wahl der Crossover-Parameter festgestellt werden, dass Regionen des Suchraums mit höherer durchschnittlicher Güte wesentlich schneller erreicht und durchschritten wurden als durch rein zufälliges Suchen.

**Mutation**

Bei der Mutation erfolgt eine Veränderung des Erbgutes, indem ein Gen ausgewählt und dessen Wert verändert wird. Werden die Informationen binär codiert, so bedeutet eine Mutation, dass ein zufällig ausgewähltes Gen invertiert wird, d. h. aus einer Null wird eine Eins und umgekehrt. Ob das Gen seinen Wert ändert, wird oftmals durch ein Zufallsexperiment entschieden.

Die Mutationen spielen als Suchprozess bei Genetischen Algorithmen eine wesentlich geringere Rolle als die Crossover-Operation. Es ist ein ungerichteter Prozess, der zur Erzeugung von Varianten bestehender Individuen führt. Mutationen dienen dazu, für eine gewisse Inhomogenität innerhalb der Population zu sorgen. Im Laufe der Generationen führt die Bewertung und die anschließende Auswahl der Individuen zu immer homogeneren Populationen. Die Mutationen sollen dieser Entwicklung entgegenwirken und eine frühzeitige Konvergenz vermeiden helfen. Aus Sicht der Optimierungstheorie dient die zufällige Veränderung der Erbinformation dazu, das zu schnelle „Steckenbleiben" in suboptimalen Lösungen zu vermeiden.

---

[2]Vgl. Grauel [12] (1995)

Crossover-Operation

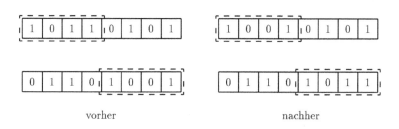

vorher                              nachher

Mutations-Operation

vorher                              nachher

Inversions-Operation

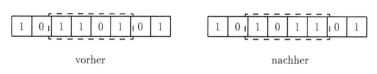

vorher                              nachher

Abbildung 4.5: Genetische Operatoren

Dass die Mutation tatsächlich nicht als zusätzlicher Suchoperator und Effizienzbeschleuniger dient, zeigt sich auch daran, dass die Mutationswahrscheinlichkeit in der Natur pro Gen und Generation im allgemeinen sehr gering ist. Trotzdem sollte der Mutationseffekt, einem genetischen Abdriften der Population entgegenzuwirken, auf das Ergebnis des Algorithmus nicht unterschätzt werden.

Bei der Implementierung mit einer Standard-Binärcodierung sollte man beachten, dass eine Mutation auf verschiedenen Genpositionen einen völlig unterschiedlichen Einfluss ausüben kann. So ändert sich der Wert einer Variablen bei Änderung der 0-ten Genposition um 1, bei Änderung der $n$-ten Genposition jedoch um $2^n$. In vielen praktischen Anwendungen wird daher eine Genmutation pro Chromosom nicht mit gleicher Wahrscheinlichkeit für alle Gene erfolgen.

### Inversion

Bei der Inversions-Operation wird zunächst ein Teilstring zufälliger Länge eines Chromosoms ausgewählt und dann in umgekehrter Reihenfolge seiner Genpositionen wieder im Chromosom eingesetzt. Abbildung 4.5 verdeutlicht dies wiederum an einem Beispiel.

Die Inversion wird oftmals nicht als eigenständiger Operator aufgeführt, sondern als Spezialfall eines etwas allgemeiner definierten Mutations-Operators, der jede zufällige aber zielgerichtete Veränderung von Gensequenzen umfasst. Motiviert wurde die Inversion dadurch, dass sie in der Natur tatsächlich beobachtet werden kann. Im Gegensatz zum Kippen einzelner Genpositionen, das sich insbesondere bei sehr langen Chromosomen nur als Rauschen im Suchprozess bemerkbar macht, kann das invertieren ganzer Gensequenzen den Suchvorgang beschleunigen. Vor allem bei Tourenplanungsproblemen konnten mit dem Inversions-Operator sehr gute Ergebnisse erzielt werden.

### Selektion

Eine Population von Individuen kann aufgefasst werden als Punktwolke in einem $n$-dimensionalen Suchraum. Die bisher betrachteten Operatoren Crossover, Mutation und Inversion erzeugen neue Punkte in diesem Suchraum. Dieses mehr oder weniger zufällige Erzeugen von Individuen erhöht die Anzahl der getesteten Punkte, wobei diese Zahl im Normalfall um Größenordnungen kleiner ist, als die Anzahl aller Punkte im Suchraum. Da es nicht möglich ist auch nur annähernd alle Punkte zu testen, man aber trotzdem Punkte guter Qualität finden möchte, ist eine zielgerichtete Suche notwendig.

Die Selektion stellt die eigentliche Steuerung der Evolution dar. Individuen, die besser an ihre Umwelt angepasst sind, werden eher überleben, als Individuen, deren Genausstattung dafür weniger gut geeignet ist. Anschaulich bestimmt die Selektion damit die Richtung, in die sich die Punktwolke bewegt, indem sie festlegt, welche Individuen bevorzugt zur Fortpflanzung herangezogen werden. In einem Genetischen Algorithmus wirkt sich die Selektion sehr stark auf dessen Qualität aus. In folgenden Bereichen müssen daher die Selektionsparameter sehr sorgfältig festgelegt werden:

1. Heiratsschema

2. Ersetzungsschema

Diese beiden Teilbereiche der Selektion sollen nun genauer betrachtet werden.

**Das Heiratsschema**

Bevor mit Hilfe der dargestellten Operatoren neue Individuen erzeugt werden, muss entschieden werden, welche Individuen der Population zur Reproduktion ausgewählt werden. Das klassische Heiratsschema bevorzugt dabei Individuen mit besserer Anpassung. Um entscheiden zu können, welche Individuen hinsichtlich des gestellten Problems eine höhere Güte besitzen, beginnt der Auswahlprozess daher mit der Bewertung aller Individuen.

Die Bewertungs- oder Zielfunktion ergibt sich in der Regel unmittelbar aus der Problemstellung. Jedes Individuum entspricht einer speziellen Realisation der Variablen und kann daher in die Funktion „eingesetzt" werden. Der Funktionswert bestimmt dann die Güte des Individuums. Ausgehend von dieser Bewertung wird nun die sogenannte Fitness eines Individuums berechnet. Der Fitnesswert bestimmt, welche Chance einem Individuum eingeräumt wird, sich in der nächsten Generation zu reproduzieren.
Oftmals ist das Heiratsschema so ausgestaltet, dass die Individuen einer Population mit einer Wahrscheinlichkeit ausgewählt werden, die proportional zu ihrer Fitness ist. Die Idee ist, dass in der nächsten Generation Nachkommen hoch bewerteter Elemente mit einer größeren Wahrscheinlichkeit auftreten und dass sich dadurch die Güte der Population im Zeitablauf kontinuierlich verbessert. Beachtet werden sollte aber, dass auf diese Weise nicht nur überdurchschnittliche Individuen berücksichtigt werden, sondern auch Individuen mit geringer Fitness prinzipiell die Chance haben sich fortzupflanzen. In Kapitel 5 wird ein spezielles Heiratsschema vorgestellt werden.

**Das Ersetzungsschema**

Die bisher beschriebenen Operatoren dienten dazu, Individuen aus der Population auszuwählen und in einer bestimmten Form abzuändern. Das Ersetzungsschema übernimmt nun die Aufgabe, zu entscheiden, welche Individuen der Ausgangspopulation und welche der erzeugten Nachkommen in die Folgegeneration übernommen werden sollen. Es wurden dazu in der Literatur unzählige Varianten vorgeschlagen. Im folgenden sollen nur die zwei wesentlichen Ansätze betrachtet werden[3].

**Der $(\mu + \lambda)$-Ansatz**

Bei diesem Ansatz erzeugen $\mu$ Eltern genau $\lambda$ Nachkommen. Anschließend werden alle $(\mu + \lambda)$ Individuen bewertet und nur die besten $\mu$ Individuen überleben. Diese Vorgehensweise hat den Effekt, dass die Qualität des besten Individuums im Verlauf der Generationen nie schlechter wird. Auf der anderen Seite ist es dadurch möglich, dass ein Individuum, das besonders gute Eigenschaften aufweist, über viele Generationen hinweg überleben kann. Dies kann in gewissem Maße wünschenswert sein, da ein solches Individuum in der nächsten Generation nicht gleich wieder „vergessen" wird. Insbesondere dann aber, wenn dieses Individuum nur ein lokales Optimum darstellt, kann dieser Effekt auch zu einer vorzeitigen Konvergenz des Algorithmus führen.

**Der $(\mu, \lambda)$-Ansatz**

Auch bei diesem Ansatz besteht die Population wieder aus $\mu$ Eltern, die $\lambda$ Nachkommen erzeugen. Diesmal werden jedoch die besten $\mu$ Individuen nur aus der Nachkommenschaft ausgewählt. Die Eltern werden nicht berücksichtigt und sterben damit aus. Durch diesen Ansatz wird die biologische Evolution naturgetreuer modelliert, da es keine potentiell unsterblichen Individuen mehr gibt. Die unerwünschte Gefahr einer vorzeitigen Konvergenz durch überdurchschnittliche Individuen wird damit verringert. Auf der anderen Seite verhält sich die Qualitätsfunktion nicht mehr monoton, da das beste Individuum der Nachkommen nicht an die Güte des besten Elternindividuums heranreichen muss. Damit verbunden ist oftmals auch eine Abnahme der Konvergenzgeschwindigkeit.

---

[3]Die verwendete Notation wurde von den Begründern der Evolutionsstrategien, Rechenberg und Schwefel, vorgeschlagen. Die Evolutionsstrategien stellen ebenfalls ein Evolutionsmodell dar, das viele Gemeinsamkeiten mit Genetischen Algorithmen aufweist. Eine Gegenüberstellung findet sich z. B. in Schöneburg [26] (1994)

**Selektionsdruck**

Mindestens ebenso wichtig wie die Entscheidung für einen speziellen Erset-
zungsansatz ist die Wahl der „richtigen" Populationsgröße und die Anzahl
der Nachkommen die pro Generation erzeugt werden. Mit diesen Größen
lässt sich der Selektionsdruck steuern. Unter dem Selektionsdruck versteht
man das Verhältnis von Eltern zu erzeugten Nachkommen, das heißt den
Quotienten $s = \frac{\mu}{\lambda}$. Je kleiner $s$ gewählt wird, desto stärker ist der Selektionsdruck innerhalb einer Population, da nur sehr wenige Nachkommen über-
leben können. Liegt andererseits $\lambda$ in der gleichen Größenordnung wie $\mu$, so
findet praktisch keine Selektion statt, da nur wenige Individuen ausscheiden
müssen.

Nach Festlegung des Quotienten $s$ bleibt natürlich noch offen, wie groß die
Population gewählt werden soll, damit der Genetische Algorithmus gute Ergebnisse liefert. Auch diese Frage muss letztlich jeweils für das zugrundeliegende Problem entschieden werden. Laufzeitverhalten und Speicherbedarf
auf der einen Seite und die Güte der Lösung auf der anderen Seite werden
Anhaltspunkte für die Größe liefern.
Zu beachten ist, dass in kleinen Populationen häufig nur ein geringer Teil der
Nachkommen zur Fortpflanzung kommt und damit die Wahrscheinlichkeit einer durchgängigen Rekombination der Gene des Genpools sinkt. Es besteht
die Gefahr, dass die Population in Richtung Gleichförmigkeit abdriftet.
Große Populationen tendieren im Gegensatz dazu eher zu einer Ungleichför-
migkeit des Erbgutes. Bei ihnen sind die Auswirkungen von Selektion, Zufall
und Gendrift nicht so dramatisch.

Der im folgenden beschriebene Algorithmus zeigt die Vorgehensweise bei einer Implementierung und fasst die bisher erzielten Ergebnisse zusammen[4].

Allgemeiner Genetischer Algorithmus:

1. Festlegung einer für das Problem adäquaten Zielfunktion $Z$.

2. Bestimmung eines Abbruchkriteriums $Z_{Abb}$, dessen Erfüllung zur Ter-
   minierung des Verfahrens führt.

3. Alle lernrelevanten Größen des Problems müssen durch Gene eindeutig
   codiert werden.

4. Festlegung der genetischen Operatorenmenge $\Omega$. Mögliche Elemente
   sind Crossover, Mutation, Inversion und Selektion.

---

[4]Vgl. Heistermann [15] (1994)

5. Erzeugen der Anfangspopulation $\Phi = (\Xi_1, \ldots, \Xi_\mu)$. Jedes Individuum $\Xi_i$ wird zufällig erzeugt und anschließend durch die Zielfunktion bewertet.

6. Das Heiratsschema bestimmt die Individuen, die zur Reproduktion herangezogen werden.

7. Durch wiederholte Anwendung genetischer Operatoren $\omega \in \Omega$ werden die Nachkommen $\{\Xi_{\mu+1}, \Xi_{\mu+2}, \ldots, \Xi_{\mu+\lambda}\}$ erzeugt.

8. Jedes Individuum wird anhand der Zielfunktion $Z$ bewertet.

9. Das Ersetzungsschema legt fest, welche Individuen die neue Generation bilden.

10. Falls $Z_{Abb}$ nicht erfüllt ist, gehe zu Schritt 6, andernfalls terminiere.

### 4.3.3 Das Schemata-Konzept

Um ein besseres Verständnis über die Abläufe in Genetischen Algorithmen zu erlangen, stellte schon ihr Begründer, *John Holland*, theoretische Überlegungen an, welchen Einfluss die genetischen Operatoren auf eine Population ausüben. Zu diesem Zweck soll zunächst der Begriff des Schemas eingeführt werden.

**Definition 4.2** *Gegeben sei die Grundmenge $\mathcal{H} = \{0, 1, *\}$*
*Ein Vektor $h \in \mathcal{H}^n$ mit $h = (h_1, \ldots, h_n)$ und $h_i \in \mathcal{H}$ heißt Schema der Länge $n$. Ein Chromosom $x = (x_1, \ldots, x_n) \in \mathcal{M}^n$ heißt eine Instanz eines Schemas $h \in \mathcal{H}^n$, falls $\forall i \in \{1, \ldots, n\}$ mit $h_i \neq *$ gilt: $h_i = x_i$.*

Das $*$-Symbol stellt lediglich ein Metazeichen dar und wird in einem Genetischen Algorithmus nie explizit verwendet. Ein Schema ist also ein Chromosom, das anstelle eines Allels eine Variable enthält. Mathematisch betrachtet definiert ein Schema der Länge $n$ jeweils einen Unterraum des $\mathcal{M}^n$.
Bezeichnet $\mathcal{I}_h$ die Menge aller Instanzen eines Schemas $h$ und $Z(\Xi_i)$ die Qualität eines Individuums $\Xi_i \in \mathcal{I}_h$, so lässt sich die Qualität des Schemas als arithmetisches Mittel der Qualitäten der Instanzen definieren, d. h.

$$Z_h = \frac{1}{\mid \mathcal{I}_h \mid} \cdot \sum_{\Xi_i \in \mathcal{I}_h} Z(\Xi_i)$$

Die Funktion eines Genetischen Algorithmus besteht in diesem Kontext darin, fortwährend Schemata zu erzeugen und zu bewerten. Interessant ist dabei die Frage, wie viele Schemata pro Generation getestet werden und ob Aussagen darüber möglich sind, welche Überlebenswahrscheinlichkeit ein Schema besitzt. Beide Fragen können mit recht einfachen Überlegungen beantwortet werden, wobei die Herleitung hier entfallen soll[5].

Es zeigt sich, dass die Anzahl der Schemata, die in einer Generation indirekt verarbeitet werden, in der Größenordnung von $\mathcal{O}(\mu^3)$ liegt. Das heißt, dass bei einer Populationsgröße von $\mu$ Individuen und damit $\mu$ Bewertungen, parallel die Güte von $\mathcal{O}(\mu^3)$ Unterräumen untersucht wird. Diesen Hebeleffekt nennt Goldberg impliziten Parallelismus.

Zur Beantwortung der zweiten Frage, führt man die Begriffe der Kardinalität und der definierenden Länge ein:

**Definition 4.3** *Die Kardinalität eines Schemas $K_h$ ist die Anzahl der definierten Positionen im Schema $h \in \mathcal{H}^n$. Die definierende Länge $L_h$ ist der Abstand $i - k$ zwischen der ersten und der letzten definierten Position $h_k$ und $h_i$ des Schemas $h$.*

Bezeichnet $m(h, t)$ die Häufigkeit des Auftretens eines bestimmten Schemas $h$ zur Zeit $t$ in der Gesamtpopulation und $Z_{Pop}$ die durchschnittliche Qualität der Population, so gilt:

$$m(h, t + 1) \geq m(h, t) \cdot \frac{Z_h}{Z_{Pop}} \left[ 1 - P_{cro} \frac{L_h}{n - 1} - P_{mut} \cdot K_h \right]$$

wobei $P_{cro}$ bzw. $P_{mut}$ die Wahrscheinlichkeit für eine Crossover- bzw. Mutationsoperation ist. Diese Ungleichung, die von Goldberg als Schemata-Theorem benannt wurde, besagt, dass Schemata kurzer definierender Länge, niedriger Kardinalität und überdurchschnittlicher Güte exponentielle Chancen besitzen, sich zu reproduzieren.

Das Schemata-Theorem liefert Informationen über die Überlebenswahrscheinlichkeit von Schemata, gibt aber keine Auskunft darüber, *welche* Schemata zur Lösung eines Problems besonders geeignet sind. Offen bleiben auch die Fragen, welchen Einfluss die Populationsparameter $\mu$ und $\lambda$ oder die Mutations- und Crossoverwahrscheinlichkeit auf die Qualität und Konvergenzgeschwindigkeit des Algorithmus haben und welche Interdependenzen zwischen den Größen bestehen. Erste Ansätze zur mathematischen Bearbeitung dieser Fragen liefert Voget [29].

---

[5]Eine ausführliche Darstellung zu den Abschätzungen findet sich z.B. in Goldberg [11] (1989) oder in Heistermann [15] (1994).

## 4.3.4   Bewertung Genetischer Algorithmen

Optimierung bedeutet in der praktischen Anwendung oftmals eine Abwägung
zwischen der Schnelligkeit der Zielapproximation und der Qualität der erreichten Lösung. Die Genetischen Algorithmen haben in vielen Anwendungs-
gebieten gute Ergebnisse erzielen können[6]. Es soll daher in diesem Abschnitt
nochmals auf besondere Eigenschaften sowie Stärken und Schwächen der Methode eingegangen werden.

Genetische Algorithmen kombinieren gerichtete und ungerichtete Suchstra-
tegien sowie serielle und parallele Suchprozesse miteinander. Auf diese Weise
können gleichzeitig mehrere Individuen auf ihre Tauglichkeit hin untersucht
werden, das heißt der hochdimensionale Suchraum wird simultan von mehreren Punkten aus durchforstet. Damit spielt der Ausgangspunkt, von dem
aus die Optimierung gestartet wird, eine geringere Rolle und auch die Wahrscheinlichkeit, suboptimale Pfade zu verfolgen und damit auf längere Sicht
fehlgeleitet zu werden, wird reduziert. Dies spart einerseits Zeit, andererseits
erhöht sich auch die Wahrscheinlichkeit optimale Punkte zu finden.

Ein wesentlicher Unterschied zwischen Genetischen Algorithmen und klassischen Optimierungsverfahren liegt in der oben beschriebenen horizontalen
Informationsübertragung. Während eine Parallelisierung auch bei klassischen
Verfahren möglich ist, indem einfach von mehreren Startpunkten gleichzeitig
ausgegangen wird, bleiben Abhängigkeiten zwischen den berechneten Punkten (auf horizontaler Ebene) unberücksichtigt.

Die folgende Aufzählung fasst die wesentlichen Vor- und Nachteile von Genetischen Algorithmen zusammen:

+ Die Population bildet einen eigenen Untersuchraum, in dem Informationen zwischen Individuen ausgetauscht werden können.

+ Der Suchraum wird relativ gründlich durchforstet.

+ Zu Beginn der Optimierung können Gebiete mit lokalen Optima leicht
  verlassen werden.

+ Die Wahl der Startpunkte hat einen vergleichsweise geringen Einfluss
  auf die Güte der Lösung.

---

[6]Eine Zusammenstellung zahlreicher Anwendungsbeispiele liefert z.B. Davis [6] oder
Schöneburg [26] (1994). Einen historischen Überblick über Genetische Algorithmen in
Forschung und Anwendung findet sich in Goldberg [11] (1989) S. 125 - 129

+ Die Zielfunktion muss keine besonderen Eigenschaften (Differenzierbarkeit, Konvexität u. ä.) aufweisen.

– Die Laufzeit und der Speicheraufwand ist im Verhältnis zu anderen Optimierungsverfahren enorm.

– Es gibt zahlreiche globale Steuerungsparameter, die aufeinander abgestimmt werden müssen. Die Ergebnisse sind jeweils nur für bestimmte Parametereinstellungen aussagekräftig.

– Die Codierung des Problems kann erheblichen Einfluss auf die Effektivität des Algorithmus haben.

– Die Gradienteninformation bleibt unbekannt.

### 4.3.5 Genetische Algorithmen und das ALM-Modell

Die guten Ergebnisse, die Genetische Algorithmen vor allem in technischen Systemen erzielt haben, haben das Interesse, sie auch bei finanzwirtschaftlichen Fragestellungen einzusetzen, in den vergangenen Jahren erhöht.[7]
Yoshitomi et al. [31] zeigen die Anwendungsmöglichkeiten von Genetischen Algorithmen für stochastische Programme auf und schlagen damit eine Brücke zu unserem ALM-Modell.

Betrachten wir also unser mehrstufiges stochastisches Programm 3.2 und wenden darauf den in 4.3.2 vorgeschlagenen Genetischen Algorithmus an. Während die Zielfunktion bereits vorgegeben ist und jedes Individuum der Population eine spezielle Realisation der Variablen darstellt, muss noch sichergestellt werden, dass die erzeugten Individuen alle Nebenbedingungen erfüllen. Eine Möglichkeit bestünde darin, bei Verletzen einer Nebenbedingung die Güte des Individuums auf $+\infty$ zu setzen, wodurch es mit Sicherheit ausselektiert würde. Problematisch kann dieses Verfahren sein, wenn sehr viele Individuen erzeugt werden, die nicht im zulässigen Bereich liegen.

Alternativ könnte durch Einsatz von Straffunktionen[8] erreicht werden, dass anfänglich auch „nicht zulässige" Individuen eine Chance auf eine Rekombination erhalten und erst im Verlauf des Verfahrens der Druck zunimmt, dass alle Nebenbedingungen eingehalten werden.

Im folgenden Kapitel wird ein Anwendungsbeispiel betrachtet werden, für das ein Genetischer Algorithmus programmiert wurde. Seine Wirkungsweise und die erzielten Ergebnisse werden in Abschnitt 5.2 vorgestellt werden.

---

[7]Vgl. Allen/Karjalainen [1] (1999)
[8]Eine Einführung in die Methoden der Straffunktionen liefert Rieder [24] (1995)

# Kapitel 5

# Berechnung einer optimalen Banksteuerungsstrategie

## 5.1 Modellvoraussetzungen

In diesem Kapitel soll das ALM-Problem speziell aus der Sicht einer Bank heraus betrachtet werden. Eine Bank wird bei der Steuerung ihrer Aktiva und Passiva versuchen, im Hinblick auf die Unsicherheit von Zahlungsströmen, Kapitalkosten und Wertpapierrückflüssen, eine optimale Handelsstrategie zu finden, die zwischen den Zielgrößen Renditemaximierung, Risikominimierung und Liquiditätserhaltung abwägt.

Zur Analyse dieses komplexen Entscheidungsproblems und zur Berechnung einer optimalen Handelsstrategie soll das in Kapitel 3 vorgestellte mehrstufige stochastische lineare Programm verwendet werden und mit Hilfe der in Kapitel 4 diskutierten Lösungsansätze gelöst werden.

Unseres ALM-Modell soll dabei folgende Eigenschaften aufweisen:

1. Es umfasst mehrere Perioden und lässt zu, dass sich Zinskurven im Zeitablauf verändern.

2. Es erlaubt eine simultane Betrachtung von Aktiva und Passiva, die die grundlegenden Prinzipien der Buchführung berücksichtigt.

3. Es bestehen zu jedem Zeitpunkt unabhängig von der wirtschaftlichen Entwicklung Entscheidungsmöglichkeiten, um eine Synchronisation von Zahlungsströmen im Zeitablauf gewährleisten zu können.

4. Transaktionskosten müssen bezahlt werden, wenn Wertpapiere gekauft oder vor ihrer Fälligkeit verkauft werden.

5. Es berücksichtigt Unsicherheiten in den Zahlungsströmen, die sich insbesondere daraus ergeben, dass Kontoinhaber Ansprüche geltend machen und Guthaben auflösen. Die Bank muss also sicherstellen, dass die Struktur ihres Aktiv-Portfolios so beschaffen ist, dass sie diese Ansprüche erfüllen kann.

6. Es bezieht die unsicheren Zinssätze in den Entscheidungsprozess ein, um zu vermeiden, dass bei der Geldvergabe bzw. -beschaffung Entscheidungen getroffen werden, die das Fortbestehen der Bank gefährden.

7. Es beachtet rechtliche und bankinterne Forderungen, die für das operative Bankgeschäft gelten.

### 5.1.1 Bestimmung der Zinsstruktur

Untersucht man die Zahlungsströme, die sich aus dem Bankgeschäft ergeben, so stellt man fest, dass die wesentlichen Bankpositionen und deren Veränderung von der zukünftigen Entwicklung der Zinsstruktur abhängen. Da sich auch bei unserer Modellbank alle Bilanzpositionen an bestimmten Zinssätzen orientieren werden, muss aus diesem Grund zunächst die Zinsentwicklung modelliert werden. Dazu wird das in Kapitel 4 vorgestellte Modell von Ho/Lee unterstellt.

Die Ausführungen in Abschnitt 4.1.1 haben gezeigt, dass man als Eingangsgrößen die heutige Zinsstruktur benötigt und die beiden Parameter $\pi$ und $\delta$ schätzen muss. Die Zinsstruktur zukünftiger Perioden errechnet sich dann aus der heutigen Zinskurve und Übergangsfunktionen, die von den geschätzten Parametern abhängen.

Die im Modell unterstellte anfängliche Zinsstruktur besteht aus folgenden 16 Zinssätzen[1]:

| Zinssatz bei Restlaufzeiten von ... Jahren | | | | | | | |
|------|------|------|------|------|------|------|------|
| 1 | 2 | 3 | 4 | 5 | 6 | 7 | 8 |
| 3,86 | 4,20 | 4,48 | 4,70 | 4,89 | 5,05 | 5,18 | 5,30 |
| 9 | 10 | 11 | 12 | 13 | 14 | 15 | 16 |
| 5,39 | 5,48 | 5,55 | 5,60 | 5,65 | 5,70 | 5,75 | 5,80 |

Tabelle 5.1: Zinsstruktur am Rentenmarkt

---

[1]Quelle: Deutsche Bundesbank, Kapitalmarktstatistik, Januar 1999 - Statistisches Beiheft zum Monatsbericht 2

**Schätzung der Parameter $\pi$ und $\delta$**

Wir haben in Abschnitt 4.1.1 gesehen, dass durch Vorgabe der Konstanten $\pi$ und $\delta$ unser Zinsstrukturmodell wohldefiniert ist. Während $\pi$ die Wahrscheinlichkeit ist, dass eine up-Bewegung eintritt, bestimmt $\delta$ wie groß die Spanne zwischen den beiden Störfunktionen $h$ und $h^*$ ist. Je größer die Spanne ausfällt, desto stärker ist die Veränderung der Zinssätze. $\delta$ beschreibt also die Volatilität der betrachteten Zerobonds.

Mit Hilfe des Ho/Lee-Modells lassen sich viele Derivate bewerten[2], deren tatsächliche Preise beobachtbar sind. Da sich die beiden Parameter $\pi$ und $\delta$ nur auf die stochastische Entwicklung der Zinsstruktur beziehen und nicht von einem speziellen Instrument abhängen, sollten sie für alle contingent claims identisch sein.

$\pi$ und $\delta$ werden also bestimmt, indem für verschiedene contingent claims die Abweichung der berechneten Prämie vom beobachtbaren Preis minimiert wird. Im vorliegenden Modell wurden folgende Zinsoptionen betrachtet[3]:

| Optionsschein | WP-Nr. | Laufzeit | BV[4] | Basis-preis | Kurs am 17.12.97 Option | Kurs am 17.12.97 Anleihe |
|---|---|---|---|---|---|---|
| 6.0%Bund96/06Call | 818365 | 06.12.99 | 1.0 | 103,00 | 2,87 | 104,97 |
| 6.0%Bund96/06Put | 818362 | 06.12.99 | 1.0 | 97,00 | 1,11 | 104,97 |

Tabelle 5.2: Zins-Optionsscheine zur Bestimmung von $\pi$ und $\delta$

Der den Optionskontrakten zugrundeliegende Gegenstand (Underlying) ist folgende zehnjährige Bundesanleihe:

| Emittent | WP-Nr. | Zins | Emission | Laufzeit |
|---|---|---|---|---|
| Bundesrepublik | 113500 | 6,00 | 1996 | 02/2006 |

Tabelle 5.3: Bundesanleihe

Zu gegebenem $\pi$ und $\delta$ lassen sich mit Hilfe der Optionsbewertungstheorie die theoretischen Optionspreise $Call^{Mod}$ und $Put^{Mod}$ berechnen. Die grundlegende Idee dieser Theorie ist in Anhang A skizziert. Die für das vorliegende Modell errechneten Paramter $\pi^* = 0,785$ und $\delta^* = 0,985$ erfüllen dabei

---

[2]Vgl. Ho/Lee [16] (1986)
[3]Vgl. Das Wertpapier, Ausgabe 1/98
[4]BV = Bezugsverhältnis

folgende Gleichung:

$$\left( Call^{Mod}(\pi^*, \delta^*) - 2,87 \right)^2 + \left( Put^{Mod}(\pi^*, \delta^*) - 1,1 \right)^2 =$$
$$\min_{\pi, \delta} \left[ \left( Call^{Mod}(\pi, \delta) - 2,87 \right)^2 + \left( Put^{Mod}(\pi, \delta) - 1,1 \right)^2 \right]$$

Die Berechnungen wurden mittels des C-Programms *pide.c* durchgeführt, das mitsamt seiner Ausgabe auf beiliegender Diskette zu finden ist. Die Entwicklung der Zinsstruktur im Zeitablauf bei Unterstellung der Parameter $\pi^* = 0,785$ und $\delta^* = 0,985$ ist in Anhang B abgedruckt.

## 5.1.2   Bestimmungsgrößen der Bilanzstruktur

In diesem Abschnitt sollen die einzelnen Bilanzpositionen in knapper aber für die Modellbetrachtung ausreichender Form vorgestellt[5] und ihre Abhängigkeit von der Zinsstruktur festgelegt werden.

Ausgangspunkt unserer Modellbank ist ihre heutige Bilanzstruktur, die in Tabelle 5.4 dargestellt ist.

| Aktiva (Mio. DM) | | Passiva (Mio. DM) | |
|---|---|---|---|
| Schatzwechsel | 160 | Eigenkapital | 485 |
| Wechsel | 65 | | |
| Forderungen an KI | 0 | Verbindlichkeiten ggü. KI | 0 |
| Forderungen an Kunden | | Verbindlichkeiten ggü. Kunden | |
| - Kontokorrentkredite | 660 | - Sichteinlagen | 1520 |
| - Kfr. Laufzeitkredite | 4725 | - Kfr. Termineinlagen | 4290 |
| - Lfr. Laufzeitkredite | 1110 | - Lfr. Termineinlagen | 2090 |
| - Lfr. Kommunaldarlehen | 340 | - Spareinlagen | 750 |
| - Lfr. variable Darlehen | 2225 | | |
| Anleihen | 1515 | Einlagenzertifikate | 1135 |
| Floater | 210 | Schuldverschreibungen | 620 |
| | | Genussscheine | 120 |
| $\sum$ 11010 | | $\sum$ 11010 | |

Tabelle 5.4: Ausgangsbilanz

Die Struktur der Modellbank orientiert sich an der Jahresbilanz einer großen deutschen Universalbank zum 31. Dezember 1997. Aus Gründen der Über-

---

[5]Für detailliertere Studien sei auf Becker [4] oder Wöhe [30] verwiesen.

sichtlichkeit wurden Bilanzposten, die im Modell nicht berücksichtigt werden, wie zum Beispiel Aktienbestände, Anteile an verbundenen Unternehmen oder Rechnungsabgrenzungsposten, weggelassen. Dies stellt keine all zu große Vereinfachung der Wirklichkeit dar, da die in Tabelle 5.4 aufgeführten Bilanzposten knapp 90 % des gesamten Bilanzvolumens ausmachen.

**Aktiva**

Schatzwechsel sind Schuldtitel öffentlicher Stellen, die eine maximale Laufzeit von 90 Tagen aufweisen und überwiegend zwischen der Bundesbank und den Kreditinstituten gehandelt werden. Für Banken stellen Schatzwechsel und Wechsel Kredite dar, die eine sichere und rentable Geldanlage sind und aufgrund der Rediskontmöglichkeiten zusätzlich als Liquiditätsreserve dienen.

Unter kurzfristigen Laufzeitkrediten werden im Modell Ratenkredite verstanden, die eine Laufzeit von 4 Jahren aufweisen und bei denen im vornherein ein fester Tilgungsplan zwischen Bank und Kreditnehmer vereinbart wird. Es sind Kredite, die überwiegend von Privatpersonen aufgenommen werden, um Gebrauchsgüter oder Dienstleistungen zu finanzieren.

Unter die langfristigen Laufzeitkredite werden achtjährige Investitionskredite für Unternehmen und Realkredite an Privatpersonen, die durch Eintragungen von Grundpfandrechten gesichert sind, zusammengefasst.

Von den langfristigen Laufzeitkrediten werden zum einen langfristige Kommunaldarlehen unterschieden, die nur öffentlichen Stellen gewährt werden, und zum anderen langfristige variable Darlehen, bei denen der vereinbarte Zinssatz im Zeitablauf schwanken kann.

Anleihen und Floater, sind Wertpapiere, die Forderungsrechte der Bank verbriefen, wobei bei Floatern der Zins in regelmäßigen Zeitabständen an einen bestimmten Referenzzinssatz angepasst wird.

**Passiva**

Sichteinlagen, kurz- und langfristige Termineinlagen und Spareinlagen zählen zum klassischen Einlagengeschäft einer Bank und stellen auch für die Modellbank die wichtigste Mittelbeschaffungsquelle dar. Während Sichteinlagen hauptsächlich zur Abwicklung des Zahlungsverkehrs verwendet werden, steht bei den Termineinlagen die verzinsliche Anlage der Gelder im Vordergrund. Spareinlagen mit dreimonatiger Kündigungsfrist dienen ebenfalls nicht dem Zahlungsverkehr und werden in der Regel variabel verzinst.

Einlagenzertifikate, Schuldverschreibungen und Genussscheine sind Wertpapiere, die von der Bank emittiert werden. Sie haben gegenüber Termin- und Spareinlagen für die Bank den großen Vorteil, dass Zeitpunkt und Umfang

von zufließenden Geldmitteln aktiv gesteuert werden können. Die Besonderheit der Genussscheine besteht für Banken darin, dass sie dem haftenden
Eigenkapital zugerechnet werden können und damit die Einhaltung rechtli-
cher Bestimmungen erleichtern (vgl 5.1.6).

**Fälligkeitenübersicht**

Da nach den geltenden Bilanzvorschriften keine detaillierte Gliederung der
Bilanzbestände nach ihrer Restlaufzeit erfolgen muss, sind weitere Annahmen
hinsichtlich der Fälligkeitsstruktur notwendig. Die nachstehende Tabelle 5.5
fasst die Laufzeitstruktur ausgewählter Bilanzposten für die kommenden Perioden zusammen.

| Aktiva (Mio. DM) | Perioden | | | | | | | |
|---|---|---|---|---|---|---|---|---|
|  | 1 | 2 | 3 | 4 | 5 | 6 | 7 | 8 |
| Schatzwechsel | 160 | 0 | 0 | 0 | 0 | 0 | 0 | 0 |
| Wechsel | 65 | 0 | 0 | 0 | 0 | 0 | 0 | 0 |
| Kontokorrentkredite | 660 | 0 | 0 | 0 | 0 | 0 | 0 | 0 |
| Kfr. Laufzeitkredite | 470 | 945 | 1420 | 1890 | 0 | 0 | 0 | 0 |
| Lfr. Laufzeitkredite | 30 | 60 | 90 | 125 | 155 | 185 | 215 | 250 |
| Lfr. Kommunaldarlehen | 10 | 20 | 30 | 40 | 45 | 55 | 65 | 75 |
| Anleihen | 135 | 230 | 230 | 230 | 230 | 230 | 230 | 0 |
| $\sum$ | 1530 | 1255 | 1770 | 2285 | 430 | 470 | 510 | 325 |
| Passiva (Mio. DM) | | | | | | | | |
| Sichteinlagen | 1520 | 0 | 0 | 0 | 0 | 0 | 0 | 0 |
| Kfr. Termineinlagen | 4290 | 0 | 0 | 0 | 0 | 0 | 0 | 0 |
| Lfr. Termineinlagen | 210 | 420 | 625 | 835 | 0 | 0 | 0 | 0 |
| Spareinlagen | 750 | 0 | 0 | 0 | 0 | 0 | 0 | 0 |
| Einlagenzertifikate | 425 | 425 | 285 | 0 | 0 | 0 | 0 | 0 |
| Schuldverschreibungen | 200 | 70 | 70 | 70 | 70 | 70 | 70 | 0 |
| Genussscheine | 10 | 20 | 20 | 30 | 20 | 0 | 20 | 0 |
| $\sum$ | 7405 | 935 | 1000 | 935 | 90 | 70 | 90 | 0 |

Tabelle 5.5: Laufzeitengliederung von Bilanzpositionen nach Restlaufzeiten

Bei *Floatern* und *langfristigen variablen Darlehen* wird keine interne Laufzeitstruktur betrachtet. Da sich die Zinserträge am einjährigen Zinssatz orientieren, spielt es keine Rolle, wann die Wertpapiere gekauft und die Kredite
aquiriert wurden. Das Volumen der in einer Periode zurückgezahlten Kredite

wird vollständig mit dem Volumen an neu ausgegebenen variablen Krediten
verrechnet, so dass auf diese Weise pro Betrachtungszeitpunkt nur ein Wertpapier und nicht 8 Wertpapiere (und damit zusätzliche Variablen) betrachtet
werden müssen.

## Laufzeiten und Zinssätze

Bei jedem der Bilanzposten wird unterstellt, dass er während der Simulation
eine festgelegte Laufzeit aufweist und sich an einem bestimmten Basiszinssatz
orientiert, wobei meist zusätzlich noch eine Abweichung von diesem Zinssatz
unterstellt wird[6]. Tabelle 5.6 fasst diese Modellannahmen zusammen.

| Bilanzposten | Laufzeit | Basiszinssatz | $\Delta$ |
|---|---|---|---|
| Schatzwechsel | 1 J | 1 J | 1.0% |
| Wechsel | 1 J | 1 J | 1.0% |
| Kontokorrentkredite | 1 J | 1 J | 6.0% |
| Kfr. Laufzeitkredite | 4 J | 4 J | 4.0% |
| Lfr. Laufzeitkredite | 8 J | 8 J | 1.0% |
| Lfr. Kommunaldarlehen | 8 J | 8 J | 0.5% |
| Lfr. variable Darlehen | T J | 1 J | 1.0% |
| Anleihen | 8 J | 8 J | 0.0% |
| Floater | T J | 1 J | -0.7% |
| Forderungen an KI | 1 J | 1 J | -0.5% |
| Verbindlichkeiten ggü. KI | 1 J | 1 J | -0.2% |
| Kfr. Termineinlagen | 1 J | 1 J | -0.5% |
| Lfr. Termineinlagen | 4 J | 4 J | 0.0% |
| Einlagenzertifikate | 4 J | 4 J | -0.2% |
| Schuldverschreibungen | 8 J | 8 J | 0.0% |
| Genussscheine | 8 J | 8 J | 0.5% |
| Sichteinlagen | 1 J | 1 J | 1/6 |
| Spareinlagen | 1 J | 1 J | 1/2.5 |

Tabelle 5.6: Laufzeiten und Zinssätze der Bilanzpositionen

Es sei darauf verwiesen, dass langfristige Bilanzpositionen, die bereits in der
Vergangenheit gebildet wurden, natürlich von Zinssätzen abhängen, die in
früheren Perioden galten.

---

[6]Diese Modellannahme ist in der Praxis nicht für alle Bilanzpositionen uneingeschränkt
gültig. Vgl. Deutsche Bundesbank [9] (1996).

Eine Besonderheit stellen die letzten zwei Positionen von Tabelle 5.6 dar. Da die Zinssätze von Spareinlagen und Sichteinlagen im Zeitablauf nur sehr träge der allgemeinen Zinsentwicklung folgen, wird im Modell angenommen, dass sie sich proportional an ihrem Referenzzinssatz orientieren und nicht wie die anderen Bilanzposten mit einer gewissen Abweichung dem Referenzzinssatz folgen.

### 5.1.3    Eigenschaften der Bilanzposten im Modell

Einige der in der Ausgangsbilanz (Tabelle 5.4) ausgewiesenen Positionen wie Wechsel oder kurzfristige Termineinlagen haben in der Regel eine kürzere Laufzeit als ein Jahr. Auch Sichteinlagen oder Spareinlagen stehen den Banken formal nur kurzfristig zur Verfügung. Im Modell wird angenommen, dass es sich bei den Volumina um Durchschnittswerte innerhalb einer Periode handelt. Diese Annahme ist vertretbar, wenn man bedenkt, dass sich starke Schwankungen auf einzelnen Konten aus Sicht der Bank durch die große Anzahl an Kunden im Mittel wieder ausgleichen.

**Wertberichtigungen**

Die von der Modellbank ausgegebenen Kredite werden von unterschiedlichen Kundengruppen und aus verschiedenen Motiven aufgenommen. Damit besteht für die Bank auch ein unterschiedlich hohes Risiko, das geliehene Geld zurückbezahlt zu bekommen. Während Kommunaldarlehen aufgrund der erstklassigen Bonität der öffentlichen Haushalte praktisch risikolos sind, ist bei kurzfristigen Laufzeitkrediten, die unter anderem von Privatkunden zur Finanzierung von Konsumgütern verwendet werden, das Risiko des Kreditausfalls nicht zu vermeiden.

Im Modell wird angenommen, dass pro Zeitperiode ein bestimmter Prozentsatz eines Kreditbestandes nicht zurückgezahlt wird und von der Bank abgeschrieben werden muss. Tabelle 5.7 zeigt die Wertberichtigungsquoten der einzelnen Kreditarten.

Je höher die Quote ist, desto riskanter ist der vereinbarte Kreditkontrakt. Floater und festverzinsliche Anleihen werden als risikolos angenommen, so dass alle Zahlungsansprüche, die sich daraus ergeben, termingerecht und in voller Höhe erfüllt werden.

Während für die Bank ein Ausfallrisiko besteht, wird von ihr eine einwandfreie Bonität eingefordert. Das heißt, dass Zins- und Tilgungszahlungen in jedem Zeitpunkt von der Bank termingerecht und in voller Höhe geleistet werden müssen.

| Kreditart | Wertberichtigungsquote |
|-----------|------------------------|
| Schatzwechsel | 0.0% |
| Wechsel | 0.5% |
| Kontokorrentkredite | 1.0% |
| Kfr. Laufzeitkredite | 2.0% |
| Lfr. Laufzeitkredite | 0.5% |
| Lfr. Kommunaldarlehen | 0.0% |
| Lfr. variable Darlehen | 1.0% |

Tabelle 5.7: Wertberichtigungsquoten der Kredite

**Zahlungsmittelbestand**

Im Gegensatz zu einer real existierenden Bank wird im Modell auf das Führen einer Kasse verzichtet. Zahlungseingänge, die sich aufgrund von Kundeneinlagen, Kreditrückzahlungen, Zinserträgen und dem Verkauf von Wertpapieren ergeben können, und Zahlungsabgänge aus entgegengesetzt verlaufenden Geschäften, werden nicht explizit über eine Kasse abgerechnet. Anstatt einen gewissen Geldbetrag zur Verfügung zu halten, erfolgt die Verrechnung im Modell implizit über die Entscheidungsvariablen Forderungen an Kreditinstitute und Verbindlichkeiten gegenüber Kreditinstituten.

**Schatzwechsel und Wechsel**

Bei Wechseln ergeben sich die Kosten für den Schuldner dadurch, dass er nicht den vollen Nennwert des Wechsels ausbezahlt bekommt, sondern nur den Nennwert abzüglich des in Tabelle 5.6 definierten Zinssatzes. Bei der Bilanzierung werden stets nur die Beträge betrachtet, die die Bank an ihre Kunden ausbezahlt. Rediskontiert sich die Bank bei der Bundesbank oder wird der Wechsel eingelöst, fließt der Bank eine höhere Summe zu, als dies durch den Volumensbetrag deutlich wird.

**Rediskontkontingente**

Die Bank soll die Möglichkeit besitzen, durch Weitergabe von Wechseln sich bei der Bundesbank zu refinanzieren. Die Kosten, die sich für die Bank dadurch ergeben, entsprechen dem Diskontsatz, der im Modell stets 2 Prozentpunkte unter dem von der Bank in Tabelle 5.6 festgelegten Zinssatz für Schatzwechsel liegen wird. Für die Wahl des Rediskontkontingents für Schatzwechsel und Wechsel stehen in jedem Knoten jeweils zwei Entscheidungsvariablen zur Verfügung.

## Anleihen der Modellbank

Werden von der Modellbank eigene Schuldverschreibungen, Einlagenzertifikate oder Genussscheine begeben, so weisen sie stets die in Tabelle 5.6 angegebene Laufzeit auf. Zwar können eigene Anleihen später über die Börse wieder zurückgekauft werden, es wird aber angenommen, dass sie anschließend nicht mehr verkauft werden können. Werden Anleihen während ihrer Laufzeit nicht über die Börse zurückgekauft, so erfolgt deren Tilgung am Ende ihrer Laufzeit.

## Anleihenpreise

Begibt die Modellbank eigene Anleihen oder kauft bzw. verkauft sie Anleihen an der Börse, so muss stets der aktuelle Preis der Anleihe berechnet werden. Dazu wird der Barwert der Zahlungsreihe in diesem Zeitpunkt nach folgender Formel berechnet:

$$PV = \sum_{t=1}^{RLZ} Z_t \cdot P_t$$

Dabei ist $Z_t$ die zum Zeitpunkt $t$ fällige Zahlung, das heißt in den ersten Jahren der Kupon und am Ende der Laufzeit der Kupon + Tilgungsbetrag. Es wird angenommen, dass der Tilgungsbetrag stets dem Nennwert von 100 DM entspricht. Diese Zahlungen werden mit dem fristigkeitsabhängigen Zinsatz $P_t$ abdiskontiert.

### 5.1.4  Bilanzstrukturveränderungen im Zeitablauf

Grundsätzlich müssen die Bilanzposten dahingehend unterschieden werden, ob es sich um beeinflussbare Größen der Bank handelt oder ob sich Volumenveränderungen durch Entscheidungen der Kunden ergeben. So liegt es im Ermessen des Bankinstituts, Wertpapiere in Form von Floatern und Anleihen zu kaufen bzw. verkaufen. Auch ist die Ausgabe von Schuldverschreibungen, Einlagenzertifikaten und Genussscheinen eine Entscheidung der Bank. Es wird aber angenommen, dass die Inanspruchnahme von Krediten und die Anlage von Geldern in Form von Sichteinlagen, Spareinlagen, kurz- und langfristigen Termineinlagen eine Entscheidung durch die Kunden ist. Dass sich die Bank in einem Markt bewegt und aufgrund der Wahl von Zinskonditionen, Werbung, Service etc. indirekt auf die Höhe dieser Bilanzposten einwirken kann, wird nicht berücksichtigt.

## Volumenveränderung der Bilanzpositionen

Für Bilanzposten, die von der Bank nicht aktiv gesteuert werden können,
müssen Annahmen bezüglich des Neugeschäfts getroffen werden. Neben einer allgemeinen Wachstumsrate unserer Modellbank von 3% im Jahr, soll das
Neugeschäft auch von der aktuellen Zinsentwicklung abhängen. Steigen beispielsweise die Zinsen, so wird dies eine dämpfende Wirkung auf die Kreditnachfrage haben. Andererseits werden festverzinsliche Anlagen im Vergleich
zu Anlageformen wie zum Beispiel Aktien attraktiver, so dass der Bank in
diesem Bereich mehr Kapital zufließen wird. Aus diesem Grunde wird für
alle Bilanzpositionen eine zweite, zinsabhängige Wachstumsrate berechnet.
Diese Wachstumsrate wird über Elastizitäten bestimmt, die angeben, um welchen Prozentsatz die Nachfrage nach dem Gut steigt, wenn der betreffende
Zinssatz um einen Prozentpunkt steigt. Die unterstellte Elastizitätsfunktion
hat folgende Gestalt:

$$\mathcal{E}(r_{alt}) = \mu \cdot \exp^{-\kappa \cdot (r_{alt} - dint)^2}$$

Dabei ist $\mu$ die maximal mögliche Elastizität, *dint* ein über einen langen
Zeitraum hinweg beobachteter Durchschnittszinssatz[7] und $\kappa$ ein Dehnungs-
faktor, mit dessen Hilfe die Zinssensitivität beeinflusst werden kann. Aus der
Definition von Elastizitäten ergibt sich dann folgender Zusammenhang:

$$
\begin{aligned}
\mathcal{E} &= \tfrac{\Delta x / x_{alt}}{\Delta r / r_{alt}} \\
\Leftrightarrow \quad \tfrac{r_{neu} - r_{alt}}{r_{alt}} \cdot \mathcal{E} &= \tfrac{x_{neu} - x_{alt}}{x_{alt}} \\
\Leftrightarrow \quad x_{neu} &= x_{alt} \cdot (1 + \tfrac{r_{neu} - r_{alt}}{r_{alt}} \mathcal{E}) \\
\Leftrightarrow \quad x_{neu} &= x_{alt} \cdot \mathcal{W}(r_{alt})
\end{aligned}
$$

$\mathcal{W}(r_{alt})$ ist die gewünschte zinsabhängige Wachstumsrate. Die für die einzelnen Bilanzpositionen unterstellten Parameter *dint*, $\mu$ und $\kappa$ fasst Tabelle 5.8
zusammen.

Das Neugeschäft eines Bilanzpostens ergibt sich somit aus dem Bilanzvo-
lumen der Vorperiode multipliziert mit der allgemeinen Wachstumsrate der
Bank, der zinsabhängigen Wachstumsrate und vermindert um eine eventuelle
Wertberichtigung.

Kreditbestände, die bereits in vorangegangenen Perioden gebildet wurden,
werden um den Betrag vermindert, der am Ende der Vorperiode getilgt wurde. Dabei wird angenommen, dass alle Verträge so ausgestaltet wurden, dass
Kredite jeweils zu gleichen Teilen getilgt werden.

---

[7]Berechnet wurde der Durchschnittszinssatz als ungewichtetes arithmetisches Mittel
aus den von der Deutschen Bundesbank im Dezember der Jahre 1986 bis 1997 ermittelten durchschnittlichen Zinssätze. Entnommen wurden die Werte den Monatsberichten der
Deutschen Bundesbank, Ausgabe Januar 1987 bis Januar 1998.

| Bilanzposten | dint | $\mu$ | $\kappa$ |
|---|---|---|---|
| Schatzwechsel | 6.7% | 0.4 | 0.1 |
| Wechsel | 6.7% | 0.4 | 0.1 |
| Kontokorrentkredite | 10.7% | 0.3 | 0.8 |
| Kfr. Laufzeitkredite | 11.2% | 0.4 | 0.2 |
| Lfr. Laufzeitkredite | 7.77% | 0.4 | 0.2 |
| Lfr. Kommunaldarlehen | 7.27% | 0.3 | 1.0 |
| Lfr. variable Darlehen | 6.7% | 0.3 | 1.0 |
| Kfr. Termineinlagen | 5.04% | 0.5 | 0.1 |
| Lfr. Termineinlagen | 5.92% | 0.4 | 0.05 |
| Sichteinlagen | 0.96% | 0.1 | 1.0 |
| Spareinlagen | 2.3% | 0.1 | 1.0 |

Tabelle 5.8: Parameter zur Berechnung der zinsabhängigen Wachstumsrate

## 5.1.5 Zahlungsverpflichtungen der Bank

Der größte Teil der Zahlungsverpflichtungen, die eine Bank zu erfüllen hat,
ergibt sich aus den Zins- und Rückzahlungen für Einlagen und begebene
Schuldverschreibungen an ihre Kunden. Zahlungsabgänge ergeben sich auch
dadurch, dass an die Mitarbeiter Löhne und Gehälter gezahlt, Sozialabgaben
und Steuern abgeführt und Sachanlagen beschafft werden. Darüberhinaus er-
warten die Aktionäre, dass ihr eingesetztes Kapital zumindest langfristig eine
angemessene Verzinsung in Form von Dividendenzahlungen und Kurssteige-
rungen erfährt.

In unserem Modell werden neben Zins- und Tilgungszahlungen exemplarisch auch Personalkosten und Dividendenzahlungen betrachtet. Der Ver-
lust an Realitätsnähe durch Vernachlässigung der anderen Größen wird an
dieser Stelle in Kauf genommen, da den vermeintlich zu geringen Zahlungsverpflichtungen in der Praxis zum Beispiel auch Provisionserträge wie die
Kontoführungspauschale oder Gebühren bei der Depotverwaltung gegenüber-
stehen, deren Modellierung aber eine Vielzahl weiterer Annahmen (Anzahl
der Kunden, Konten und Depots, Anzahl der Kontobewegungen etc.) nötig
machten.

### Personalkosten

Wir nehmen an, dass der benötigte Personalbedarf vom Geschäftsvolumen
abhängt. Das Geschäftsvolumen, das dabei auf einen Mitarbeiter entfallen
soll, wird auf 15 Mio. DM festgelegt und entspricht damit einem Durch-

schnittswert bei deutschen Großbanken der vergangenen Jahre. Die durchschnittlichen jährlichen Personalkosten pro Mitarbeiter betragen in unserer Modellbank 100000 DM.

**Dividenden**

Obwohl für ein Unternehmen keine Pflicht zur Dividendenzahlung besteht, nehmen wir an, dass unsere Modellbank in jedem Umweltzustand eine laufende Verzinsung der Aktien durch eine Ausschüttung vornimmt. Da der Aktienkurs nicht modelliert wird und damit eine Orientierung am Kurs nicht möglich ist, wird unterstellt, dass die Dividende 8% des Nominalwertes der Aktie beträgt.

## 5.1.6 Rechtliche Rahmenbedingungen

Kreditinstitute erfüllen Aufgaben, die in einer Volkswirtschaft von zentraler Bedeutung sind. Sie verwalten einen großen Teil des Geldvermögens und stellen privaten und öffentlichen Haushalten sowie Unternehmen Kapital zur Verfügung. Damit werden beispielsweise Investitionen und die Güternachfrage entscheidend vom Verhalten der Banken beeinflusst. Um sicherzustellen, dass eine Bank ihre Aufgaben erfüllen kann, wurden eine Vielzahl von gesetzlichen Regelungen aufgestellt, die von einer Bank einzuhalten sind. Die rechtliche Grundlage für die Bankenaufsicht bildet das Kreditwesengesetz (KWG), das unter anderem folgende Ziele verfolgt:

1. Erhaltung der Funktionsfähigkeit des Kreditapparates und

2. Schutz der Gläubiger der Banken vor Vermögensverlusten

Zur Erreichung dieser Ziele wurden Vorschriften erlassen, die Kreditinstitute verpflichten, eine angemessene Eigenmittelbasis zu schaffen (§§10 und 10a KWG) und eine ausreichende Zahlungsbereitschaft zu gewährleisten (§11 KWG). Als Maßstab, ob das haftende Eigenkapital und die Zahlungsbereitschaft einer gesunden Geschäftsstruktur entsprechen, dienen drei Grundsätze, die auch im vorliegenden Modell eingehalten werden müssen. [8]

---

[8]Mit dem 1. Oktober 1998 ist Grundsatz I zusammen mit dem Grundsatz Ia aufgrund der EU-Kapitaladäquanzrichtlinie (CAD) im sog. Neuen Grundsatz I aufgegangen. Der Grundsatz Ia diente dazu, Preisrisiken, die sich vor allem auch durch nicht bilanzwirksame Finanzinstrumente ergeben, zu begrenzen. Da im vorliegenden Modell diese Finanzinstrumente nicht berücksichtigt werden und auch die zusätzlich im Neuen Grundsatz I aufgenommenen Abschnitte nicht relevant sind, wurde der (alte) Grundsatz I betrachtet.

Grundsatz I - Eigenkapitalgrundsatz
Das haftende Eigenkapital eines Kreditinstituts muss mindestens 8 % der
gewichteten Risikoaktiva betragen, d.h.

$$\sum_i \alpha_i^1 \cdot vol_i^A \leq 12.5 \cdot EK$$

Grundsatz II - Liquiditätsgrundsatz (langfristig)
Bestimmte langfristige Aktiva eines Kreditinstituts sollen die Summe bestimmter langfristiger Finanzierungsmittel nicht übersteigen, d.h.

$$\sum_i vol_i^A \leq \sum_j \alpha_j^2 \cdot vol_j^P$$

Grundsatz III - Liquiditätsgrundsatz (kurzfristig)
Bestimmte kurz- und mittelfristige Aktiva eines Kreditinstituts sollen die
Summe bestimmter kurz- und mittelfristiger Finanzierungsmittel nicht über-
steigen, d.h.

$$\sum_i vol_i^A \leq \sum_j \alpha_j^3 \cdot vol_j^P$$

Die Anrechnungsfaktoren $\alpha_j^k$ sind in Abbildung 5.9 vollständig tabelliert.

**Mindestreserve**

Neben der Einhaltung der KWG-Grundsätze sind Banken auch verpflichtet,
Mindestreserven, d. h. zinslose Guthaben bei der Deutschen Bundesbank zu
unterhalten. Mindestreservepflichtig sind im wesentlichen die Verbindlichkeiten aus Sichteinlagen, befristeten Einlagen und Spareinlagen. Die geltenden
Mindestreservesätze sind ebenfalls in Abbildung 5.9 tabelliert. Wir betrachten das Mindestreservesoll als Auszahlung, die uns in gleicher Höhe in der
kommenden Periode wieder zufließt. Auf diese Weise wird das Mindestreser-
vekriterium nicht über zusätzliche Nebenbedingungen modelliert, sondern ist
implizit in den Cashflow-Nebenbedingungen enthalten.

### 5.1.7 Bankinterne Restriktionen

Neben den rechtlichen Vorschriften aus Abschnitt 5.1.6 müssen in der Praxis auch beschränkte Marktpotentiale und institutsspezifische Restriktionen
berücksichtigt werden. So wird der Anteil eines bestimmten Wertpapiers am
Gesamtportfolio in der Regel durch bankinterne Obergrenzen limitiert. Ebenso wird eine Bank nicht beliebig hohe Summen am Geldmarkt aufnehmen

| Bilanzposten | GR I | GR II | GR III | MR |
|---|---|---|---|---|
| Schatzwechsel | 0% | - | x | - |
| Wechsel | 100% | - | - | - |
| Kontokorrentkredite | 100% | - | x | - |
| Kfr. Laufzeitkredite | 100% | - | x | - |
| Lfr. Laufzeitkredite | 50% | x ($\geq$ 4J) | x ($<$ 4J) | - |
| Lfr. Kommunaldarlehen | 0% | x ($\geq$ 4J) | x ($<$ 4J) | - |
| Lfr. variable Darlehen | 100% | x ($\geq$ 4J) | - | - |
| Anleihen | 0% | - | x | - |
| Floater | 20% | - | x | - |
| Forderungen an KI | 20% | - | - | - |
| Verbindlichkeiten ggü. KI | - | - | 10% | - |
| Kfr. Termineinlagen | - | 10% | 60% | 2.0% |
| Lfr. Termineinlagen | - | 10% | 60% | 2.0% |
| Sichteinlagen | - | 10% | 60% | 2.0% |
| Spareinlagen | - | 60% | 20% | 1.5% |
| Einlagenzertifikate | - | 60% | 20% ($<$ 4J) | - |
| Schuldverschreibungen | - | 100% ($\geq$ 4J) 60% ($<$ 4J) | 20% ($<$ 4J) | - |
| Genussscheine | - | 100% ($\geq$ 4J) 60% ($<$ 4J) | 20% ($<$ 4J) | - |
| Eigenkapital | - | 100% | 0.0 | - |

Tabelle 5.9: Anrechnungsfaktoren der KWG-Grundsätze

oder anlegen, da auch diese Kredite nicht völlig risikolos sind. Bei der Begebung eigener Schuldverschreibungen muss die Bank kalkulieren, welche Beträge am Markt untergebracht werden können.

Für unsere Modellbank gilt, dass alle beeinflussbaren Bilanzpositionen eine Volumensobergrenze von 819 Mio. DM besitzen. Dabei sollen Positionen unterschiedlicher Laufzeit (insbesondere bei Anleihen und eigenen Schuldverschreibungen) getrennt voneinander betrachtet werden[9].

---

[9]Die etwas willkürlich anmutende Schranke von 819 Mio. DM erklärt sich aus dem Wunsch, die Simulationsergebnisse der verschiedenen Methoden zu vergleichen. Da bei den Genetischen Algorithmen ohnehin eine obere Bestandsschranke zwingend ist, wurde diese auf $2^{13} - 1 = 8191$ festgelegt. Da angenommen wird, dass stets 1000 Einheiten ge- bzw. verkauft werden, ergibt sich bei einem Nominalbetrag von 100 DM ein Gesamtvolumen von $8191 \cdot 1000 \cdot 100 \approx 819$ Mio. DM.

## 5.2  Simulationsergebnisse

Berechnungen in einem so komplexen Gebiet, wie es das Asset-Liability Management darstellt, eröffnen eine Unmenge von Fragen und Möglichkeiten der Sensitivitätsanalyse. So sind Variationen bezüglich der Entscheidungsparameter, der wirtschaftlichen Szenarien, des finanziellen Startpunktes des Unternehmens, der Wertpapierkategorien, in die investiert werden kann, bezüglich des Planungshorizontes und vieles mehr denkbar. Es würde den Rahmen dieser Arbeit sprengen, all diese Simulationen durchführen und beschreiben zu wollen, so interessant viele davon auch sein mögen. In den kommenden Abschnitten sollen daher insbesondere folgende Fragekomplexe untersucht werden:

1. Wie sensitiv reagiert die Lösung auf Veränderungen in den relevantesten exogenen Parameterwerten ?

2. Welche Güte besitzen die in Kapitel 4 vorgestellten Lösungsansätze ?

### 5.2.1  CPLEX

**Wie verändert sich die optimale Lösung, wenn der Planungshorizont erweitert wird ?**

Zur Beantwortung dieser Frage wurde das C-Programm *alm.c* für die Planungshorizonte $T = 2$ bis $T = 8$ mit $\pi = 0.785$ und $\delta = 0.985$ gestartet und das ausgegebene lineare Programm mit CPLEX gelöst[10]. Tabelle 5.10 zeigt, welche Kauf- (+) bzw. Verkaufentscheidungen (-) bei sich vergrößerndem Planungshorizont zum Zeitpunkt $t = 0$ optimal sind.

Man erkennt zunächst, dass bei allen Planungshorizonten stets die gleichen Wertpapiere gehandelt werden und dass es stets günstiger ist, das Bilanzvolumen durch Verkauf eigener Schuldverschreibungen und Aufnahme kurzfristiger Kredite auszudehnen, anstatt es durch Verkauf von Anleihen zu verkleinern. Die eigenen Schuldverschreibungen werden gegenüber den Genussscheinen bevorzugt, da die Zinskosten für die Bank geringer sind. Die Rediskontkontingente für Schatzwechsel und Wechsel werden konstant voll ausgeschöpft.

---

[10]Der Programmcode *alm.c* ist wie alle anderen Programme, die sich auf der beiliegenden Diskette befinden, im ANSI-C-Standard geschrieben. Er lässt sich zum Beispiel mit Hilfe des gnuC-Compilers und der Befehlszeile *gcc -lm -ansi alm.c* compilieren. Eine ausführlichere Dokumentation, die die Funktionsweise und wichtige Steuerungsparameter des Programms beschreibt, findet sich in der Datei *alm.txt*.

| Horizont | 2 | 3 | 4 | 5 | 6 | 7 | 8 |
|---|---|---|---|---|---|---|---|
| Floater | 0 | 0 | -198 | -210 | -210 | -210 | -210 |
| Anleihe RLZ 8J | 0 | 0 | 0 | 0 | 0 | 0 | 0 |
| Anleihe RLZ 7J | 0 | 0 | 0 | 0 | 0 | 0 | 0 |
| Anleihe RLZ 6J | 0 | 0 | 0 | 0 | 0 | 0 | 0 |
| Anleihe RLZ 5J | 0 | 0 | 0 | 0 | 0 | 0 | 0 |
| Anleihe RLZ 4J | 0 | 0 | 0 | 0 | 0 | 0 | 0 |
| Anleihe RLZ 3J | 0 | 0 | 0 | 0 | 0 | 0 | 0 |
| Anleihe RLZ 2J | 0 | 0 | 0 | 0 | 0 | 0 | 0 |
| Anleihe RLZ 1J | 0 | 0 | 0 | 0 | 0 | 0 | 0 |
| SV (P) RLZ 8J | -523 | -465 | -416 | -386 | -411 | -403 | -482 |
| SV (P) RLZ 7J | 0 | 0 | 0 | 0 | 0 | 0 | 0 |
| SV (P) RLZ 6J | 0 | 0 | 0 | 0 | 0 | 0 | 0 |
| SV (P) RLZ 5J | 0 | 0 | 0 | 0 | 0 | 0 | 0 |
| SV (P) RLZ 4J | 0 | 0 | 0 | 0 | 0 | 0 | 0 |
| SV (P) RLZ 3J | 0 | 0 | 0 | 0 | 0 | 0 | 0 |
| SV (P) RLZ 2J | 0 | 0 | 0 | 0 | 0 | 0 | 0 |
| SV (P) RLZ 1J | 0 | 0 | 0 | 0 | 0 | 0 | 0 |
| ELZ (P) RLZ 4J | 0 | 0 | 0 | 0 | 0 | 0 | 0 |
| ELZ (P) RLZ 3J | 0 | 0 | 0 | 0 | 0 | 0 | 0 |
| ELZ (P) RLZ 2J | 0 | 0 | 0 | 0 | 0 | 0 | 0 |
| ELZ (P) RLZ 1J | 0 | 0 | 0 | 0 | 0 | 0 | 0 |
| GS (P) RLZ 8J | -97 | -127 | -176 | -193 | -163 | -163 | -90 |
| GS (P) RLZ 7J | 0 | 0 | 0 | 0 | 0 | 0 | 0 |
| GS (P) RLZ 6J | 0 | 0 | 0 | 0 | 0 | 0 | 0 |
| GS (P) RLZ 5J | 0 | 0 | 0 | 0 | 0 | 0 | 0 |
| GS (P) RLZ 4J | 0 | 0 | 0 | 0 | 0 | 0 | 0 |
| GS (P) RLZ 3J | 0 | 0 | 0 | 0 | 0 | 0 | 0 |
| GS (P) RLZ 2J | 0 | 0 | 0 | 0 | 0 | 0 | 0 |
| GS (P) RLZ 1J | 0 | 0 | 0 | 0 | 0 | 0 | 0 |
| Ford. an KI | 0 | 0 | 0 | 0 | 0 | 0 | 0 |
| Verb. ggü. KI | 39 | 328 | 326 | 455 | 511 | 592 | 523 |
| Redisk. S-wechsel | 160 | 160 | 160 | 160 | 160 | 160 | 160 |
| Redisk. Wechsel | 49 | 49 | 49 | 49 | 49 | 49 | 49 |
| Zielfunktionswert | -1209 | -1726 | -2178 | -2533 | -2810 | -3090 | -3250 |

Tabelle 5.10: Optimale Anlagestrategie zu $t = 0$ (in Mio. DM)

Auffallend ist auch, dass der mit dem Planungshorizont sinkende Zielfunktionswert nicht allein durch den Portfoliowert zu $t = T$ verursacht wird. Bis auf die letzte Spalte von Tabelle 5.10 nimmt das Gesamtvolumen verkaufter Anleihen und aufgenommener Geldmarktkredite monoton zu.

Die Frage, wie sich Anlageentscheidungen in späteren Perioden verändern, spielt oftmals eine geringe Rolle. Der Grund ist, dass unabhängig davon, welcher Planungshorizont gewählt wird, der Investor versuchen wird, ein Portfolio mit minimalen Kosten zu bilden, das ihm erlaubt, in den kommenden $T$ Perioden seinen Zahlungsverpflichtungen nachkommen zu können. Er wird aber in der Regel die Anlagestrategie nicht $T$ Perioden verfolgen, sondern nach jeder Periode den Horizont um eine Periode weiter in die Zukunft verlegen und die Lösungssuche danach erneut starten.

**Welchen Einfluss haben die Parameter $\pi$ und $\delta$ auf die optimale Lösung ?**

Für den Planungshorizont $T = 5$ wurden verschiedene Simulationen durchgeführt, bei denen die Parameter $\pi$ und $\delta$, die die Zinsentwicklung steuern, variiert wurden. Da beide Parameter geschätzt werden müssen und einen erheblichen Einfluss auf die Wertentwicklung von Bilanzpositionen sowie auf zukünftige Zahlungsströme unserer Modellbank haben, ist es wichtig zu untersuchen, wie sensitiv die Lösung auf Veränderungen reagiert. Tabelle 5.11 enthält die ermittelten Zielfunktionswerte.

| $\pi$ <br> $\delta$ | 0.9 | 0.785 | 0.7 | 0.6 | 0.5 | 0.4 | 0.3 | 0.2 | 0.1 |
|---|---|---|---|---|---|---|---|---|---|
| 0.995 | -2517 | -2515 | -2512 | -2507 | -2501 | -2494 | -2486 | -2477 | -2466 |
| 0.985 | -2530 | -2533 | -2524 | -2504 | -2476 | -2435 | -2365 | -2036 | -629 |
| 0.975 | -2566 | -2589 | -2581 | -2456 | -1840 | k.L. | k.L. | k.L. | k.L. |
| 0.965 | -2622 | -2645 | -2344 | -984 | k.L.[11] | k.L. | k.L. | k.L. | k.L. |

Tabelle 5.11: Optimalwert bei Variation von $\pi$ und $\delta$

Man erkennt, dass der Optimalwert im Intervall $[0.995, 0.975] \times [0.9, 0.6]$ sehr stabil ist. Etwas überraschend stellt man aber fest, dass die Entscheidungen, die zum Zeitpunkt $t = 0$ getroffen werden müssen, sehr sensitiv auf Änderungen der Parameter reagieren. Tabelle 5.12 fasst die Ergebnisse zusammen. Dabei entspricht $s_{x,y}$ der Simulation, bei der $\delta$ gleich dem Wert der $x$-ten Zeile

---

[11] Es existiert keine optimale Lösung.

und $\pi$ gleich dem Wert der $y$-ten Spalte aus Tabelle 5.11 ist. Die Bilanzpositionen wurden wie folgt bezeichnet: Floater ($x_1$), Anleihen mit RLZ 8J bis Anleihen mit RLZ 1J ($x_2$ - $x_9$), Schuldverschreibungen mit RLZ 8J ($x_{10}$), Einlagenzertifikate mit RLZ 4J ($x_{11}$), Genussscheine mit RLZ 8J ($x_{12}$) und Verbindlichkeiten ggü. Kreditinstituten ($x_{13}$). Verkaufentscheidungen werden wieder durch ein (-), Kaufentscheidungen durch ein (+) gekennzeichnet.

| | $x_1$ | $x_2$ | $x_3$ | $x_4$ | $x_5$ | $x_6$ | $x_7$ | $x_8$ | $x_9$ | $x_{10}$ | $x_{11}$ | $x_{12}$ | $x_{13}$ |
|---|---|---|---|---|---|---|---|---|---|---|---|---|---|
| $s_{11}$ | -210 | 0 | -150 | 0 | 0 | -230 | -230 | -26 | 0 | -242 | -205 | -178 | 819 |
| $s_{12}$ | -210 | 0 | 0 | 0 | 0 | -204 | -230 | -16 | 0 | -272 | -149 | -181 | 819 |
| $s_{13}$ | -210 | 0 | 0 | 0 | 0 | -34 | -230 | -46 | 0 | -293 | -106 | -186 | 819 |
| $s_{14}$ | -210 | 0 | 0 | 0 | 0 | 0 | -140 | 0 | 0 | -323 | -54 | -188 | 819 |
| $s_{15}$ | -210 | 0 | 0 | 0 | 0 | 0 | 0 | 0 | 0 | -362 | 0 | -185 | 779 |
| $s_{21}$ | -210 | 0 | 0 | 0 | 0 | -46 | -230 | -46 | 0 | -278 | -111 | -196 | 819 |
| $s_{22}$ | -210 | 0 | 0 | 0 | 0 | 0 | 0 | 0 | 0 | -386 | 0 | -193 | 455 |
| $s_{23}$ | -33 | 0 | 0 | 0 | 0 | 0 | 0 | 0 | 0 | -422 | 0 | -203 | 0 |
| $s_{24}$ | 0 | 60 | 589 | 0 | 0 | 0 | 0 | 0 | 0 | -439 | 0 | -186 | 0 |
| $s_{25}$ | 0 | 791 | 589 | 0 | 0 | 0 | 0 | 0 | 0 | -421 | 0 | -204 | 0 |
| $s_{31}$ | -210 | 0 | 0 | 0 | 0 | 0 | -11 | 0 | 0 | -349 | 0 | -193 | 819 |
| $s_{32}$ | 0 | 0 | 331 | 0 | 0 | 0 | 0 | 0 | 0 | -433 | 0 | -191 | 0 |
| $s_{33}$ | 0 | 771 | 589 | 0 | 0 | 0 | 0 | 0 | 0 | -425 | 0 | -200 | 0 |
| $s_{34}$ | -210 | 819 | 589 | 589 | 589 | 561 | 0 | 0 | 0 | 0 | -702 | -203 | 0 |
| $s_{35}$ | -210 | 819 | 589 | 589 | 589 | 589 | 589 | 589 | 0 | 0 | -819 | -133 | -615 |
| $s_{41}$ | -210 | 0 | 0 | 0 | 0 | 0 | 0 | 0 | 0 | -405 | 0 | -180 | 391 |
| $s_{42}$ | -155 | 819 | 589 | 0 | 0 | 0 | 0 | 0 | 0 | -438 | 0 | -187 | 0 |
| $s_{43}$ | -210 | 819 | 589 | 589 | 589 | 589 | 330 | 0 | 0 | 0 | -819 | -120 | 132 |
| $s_{44}$ | 0 | 819 | 589 | 589 | 589 | 589 | 589 | 589 | 236 | 0 | -819 | -133 | -819 |

Tabelle 5.12: Optimale Lösung bei Variation von $\pi$ und $\delta$

Man erkennt, dass bei fallendem $\pi$, d. h. einer höheren Wahrscheinlichkeit für steigende Zinsen, mehr Anleihen gekauft werden müssen. Dies ist verständlich, wenn man bedenkt, dass die Kreditnachfrage bei steigenden Zinsen zurückgeht, das Einlagengeschäft aber wächst. Der größere Anleihenbestand ermöglicht, die höheren Zahlungsverpflichtungen in der Zukunft abzudecken. Aus Tabelle 5.12 wird nun auch deutlich, warum unser Programm für abnehmendes $\delta$ unlösbar wird. Da wir Bestandsschranken für Anleihen und kurzfristige Geldmarktkredite eingeführt haben, können zu $t = 0$ nicht genügend Wertpapiere in das Portfolio aufgenommen werden, die nötig wären, um zukünftige Zahlungsverpflichtungen erfüllen zu können.
Ein $\delta$ von 0.975 bzw. 0.965 entspricht allerdings bereits einer sehr großen Volatilität. Bereits nach wenigen Perioden treten hier negative Zinssätze auf.

**Wie verändert sich die optimale Lösung bei Variation des Unternehmenswachstums ?**

Tabelle 5.13 zeigt, welche Portfolioumschichtungen zum heutigen Zeitpunkt optimal sind, wenn ceteris paribus ein unterschiedlich hohes Unternehmenswachstum unterstellt wird. Der Planungshorizont beträgt $T = 5$.

| Wachstum | -20% | -10% | -5% | ± 0% | 3% | 10% | 20% |
|---|---|---|---|---|---|---|---|
| Floater | 0 | 0 | -179 | -210 | -210 | -210 | -210 |
| Anleihe RLZ 7J | 232 | 17 | 0 | 0 | 0 | 0 | -48 |
| Anleihe RLZ 5J | 0 | 0 | 0 | 0 | 0 | 0 | -230 |
| Anleihe RLZ 4J | 0 | 0 | 0 | 0 | 0 | 0 | -230 |
| Anleihe RLZ 3J | 0 | 0 | 0 | 0 | 0 | -21 | -230 |
| Anleihe RLZ 2J | 0 | 0 | 0 | 0 | 0 | -181 | -230 |
| Anleihe RLZ 1J | 0 | 0 | 0 | 0 | 0 | 0 | -135 |
| SV (P) RLZ 8J | -558 | -558 | -559 | -470 | -386 | -172 | -23 |
| GS (P) RLZ 8J | -67 | -67 | -65 | -130 | -193 | -371 | -671 |
| Verb. ggü. KI | 0 | 0 | 0 | 249 | 455 | 819 | 819 |
| Redisk. S-wechsel | 160 | 160 | 160 | 160 | 160 | 160 | 160 |
| Redisk. Wechsel | 49 | 49 | 49 | 49 | 49 | 49 | 49 |
| Zielfunktionswert | -831 | -1340 | -1715 | -2192 | -2533 | -3520 | -5492 |

Tabelle 5.13: Opt. Lösung in Abhängigkeit des Unternehmenswachstums

Man erkennt, je höher das Unternehmenswachstum pro Periode ausfällt, desto weniger Wertpapiere (Floater und Anleihen) müssen anfänglich gehalten werden. Die Zahlungsverpflichtungen lassen sich durch das wachsende Geschäft leichter erfüllen.
Auch die Umschichtung in der Passivstruktur von Schuldverschreibungen zu Genussscheinen bei steigendem Wachstum überrascht nicht. Da das Eigenkapital als konstant voraus gesetzt wurde und Genussscheine dem haftenden Eigenkapital zugerechnet werden können, müssen mehr Genussscheine ausgegeben werden, um bei steigendem Kreditgeschäft, die Risikoaktiva angemessen zu unterlegen (vgl. Grundsatz I in Kapitel 5.1.6). Bei schrumpfendem Geschäft begibt die Bank mehr Schuldverschreibungen, da sie im Vergleich zu Genussscheinen günstiger sind.

**Welchen Einfluss hat die verwendete Nutzenfunktion auf die optimale Lösung ?**

Bei den bisherigen Berechnungen wurde der überschüssige Portfoliowert am Planungshorizont stets durch seinen Barwert in der Zielfunktion berücksichtigt. Es soll nun untersucht werden, ob stückweise lineare Nutzenfunktionen andere Portfolioumschichtungen nahelegen. Tabelle 5.14 und Grafik 5.1 beschreiben die betrachteten Nutzenfunktionen, wobei die Zelleninhalte der Tabelle die Steigungen in den jeweiligen Intervallen angeben.

| | $[0, x_1]$ | $(x_1, 2x_1]$ | $(2x_1, 3x_1]$ | $(3x_1, \infty)$ | $x_1$ |
|---|---|---|---|---|---|
| $u_1$ | 1 | 1 | 1 | 1 | 1000 |
| $u_2$ | 1 | 1/2 | 1/3 | 1/4 | 1000 |
| $u_3$ | 1/2 | 1/4 | 1/6 | 1/8 | 1000 |
| $u_4$ | 1 | 1/2 | 1/3 | 1/4 | 2000 |
| $u_5$ | 0 | 0 | 0 | 0 | 2000 |

Tabelle 5.14: Nutzenfunktionen

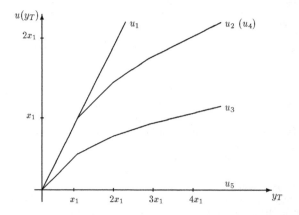

Abbildung 5.1: Nutzenfunktionen

Die optimalen Kauf- (+) bzw. Verkaufentscheidungen (-) in Mio. DM zur
Zeit $t = 0$ sind in Tabelle 5.15 zusammengefasst.

|  | $u_1$ | $u_2$ | $u_3$ | $u_4$ | $u_5$ |
|---|---|---|---|---|---|
| Floater | -210 | -210 | -210 | -210 | -210 |
| Anleihe RLZ 8J | 0 | 743 | 819 | 0 | 819 |
| Anleihe RLZ 3J | 0 | -230 | -80 | 0 | -80 |
| Anleihe RLZ 2J | 0 | 0 | -230 | 0 | -230 |
| SV (P) RLZ 8J | -386 | 0 | 0 | -391 | 0 |
| ELZ (P) RLZ 4J | 0 | -674 | -650 | 0 | -650 |
| GS (P) RLZ 8J | -193 | -154 | -152 | -185 | -152 |
| Verb. ggü. KI | 455 | 819 | 819 | 488 | 819 |
| Redisk. S-wechsel | 160 | 160 | 160 | 160 | 160 |
| Redisk. Wechsel | 49 | 49 | 49 | 49 | 49 |
| Zielfunktionswert | -2533 | -2149 | -1742 | -2392 | -1338 |

Tabelle 5.15: Opt. Lösung in Abhängigkeit der Nutzenfunktion

Es wird deutlich, dass sich insbesondere bei den Nutzenfunktionen $u_1$ und $u_4$,
die den Portfoliowert am Planungshorizont stärker gewichten, die optimale
Handelsstrategie erheblich unterscheidet von den Lösungen bei Verwendung
der restlichen Nutzenfunktionen. Dieses Ergebnis zeigt, dass die Präferenzen
eines Investors einen erheblichen Einfluss auf den optimalen Anlageplan zum
Zeitpunkt $t = 0$ haben können.

## 5.2.2 Genetische Algorithmen

Bei der Betrachtung Genetischer Algorithmen in Kapitel 4.3 wurde deutlich, dass bei deren Implementierung einige Steuerungsparameter gesetzt werden müssen. So ist die Populationsgröße, der Selektionsdruck und die Häufigkeit, mit der Crossover-, Mutations- und Inversionsoperationen durchgeführt werden, festzulegen. Außerdem ist wichtig, wie das Heirats- und Ersetzungsschema gewählt wird.

Abbildung 5.2 beschreibt den Ablauf des Genetischen Algorithmus, der zur Lösung des Beispiels eingesetzt wurde.[12]

Folgende Anmerkungen sind dazu zu machen:

- Das Roulette Wheel-Verfahren ist ein Selektionsverfahren, bei dem Individuen mit überdurchschnittlicher Fitness mit höherer Wahrscheinlichkeit ausgewählt werden, Nachkommen zu erzeugen. Das Roulette Wheel kann man sich als aufgerolltes Band vorstellen, dessen Länge die Summe der Fitnesswerte aller Individuen ist. Jedes Individuum stellt einen Abschnitt auf dem Band dar, wobei die Breite des Abschnittes die Fitness des Individuums ist. Durch ein Zufallsexperiment wird nun eine Stelle auf dem Band und damit ein Individuum ausgewählt.

- Die Fitness der Individuen wurde mit Hilfe des sog. Fensterverfahrens ermittelt. Dabei bestimmt sich der Fitnesswert eines Individuums aus seinem Zielfunktionswert abzüglich des Zielfunktionswertes des schlechtesten Individuums der Population.

- Die Auswahl der Genposition bei Mutationen wurde durch ein Roulette Wheel-Verfahren gekoppelt mit einer linearen Normalisierung vorgenommen. Der höchsten Genposition wird dabei ein fester Startwert zugewiesen. Danach wird dieser Startwert um eine vorgegebene Zahl reduziert und der nächsthöchsten Genposition zugewiesen, usw. Durch Variation des Startwertes kann die Wahrscheinlichkeit einer Genmutation pro Chromosom im Verlauf des Algorithmus verändert werden.

- Als Ersetzungsschema wurde der $(\mu, \lambda)$-Ansatz verwendet.

Bei einer Populationsgröße von 200 Individuen wurden nun pro Parametersatz $(T, \mu, \lambda, cro, mut, inv)$ jeweils drei Simulationen durchgeführt, wobei der Planungshorizont die Werte $T = 3, 4, 5$, der Selektionsdruck das Verhältnis $\mu : \lambda = $ 1:1, 1:3, 1:5, 1:9 und die Genetischen Operatoren das Verhältnis

---

[12]Der Programmcode ist auf beiliegender Diskette in der Datei *ga.c* zu finden. Eine ausführlichere Programmdokumentation liefert *ga.txt*.

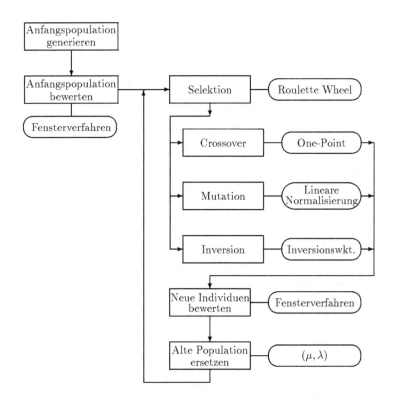

Abbildung 5.2: Genetischer Algorithmus

$cro : mut : inv = 8{:}1{:}1,\ 2{:}1{:}1,\ 1{:}2{:}2$ annehmen konnten.

Die Schaubilder 5.3, 5.4 und 5.5 zeigen jeweils die optimale Lösung (berechnet in Kapitel 5.2.1) im Vergleich zum besten Simulationsdurchlauf eines Genetischen Algorithmus und einer zufälligen Lösungssuche für die Planungshorizonte $T = 3$, $T = 4$ und $T = 5$.

Es wurden keine größeren Zeithorizonte betrachtet, da der Rechen- und Speicheraufwand des Genetischen Algorithmus so enorm wird, dass eine sinnvolle Anwendung nicht mehr gegeben ist.

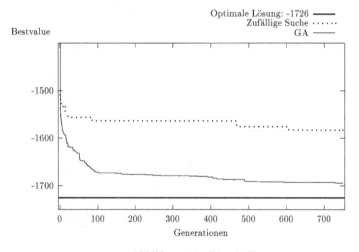

Abbildung 5.3: GA mit $T = 3$

Während die durch den Genetischen Algorithmus erreichte Lösung bei $T = 3$ mit -1694 um weniger als 1,9% von der optimalen Lösung abweicht, verschlechtert sich das Ergebnis bei $T = 4$ (-2103) bzw. $T = 5$ (-2415) auf eine Abweichung um 3,4% bzw. 4,7%. Ein Grund hierfür ist, dass die Gleichheitsbedingungen der Cash-Balance nicht exakt eingehalten werden und damit die zu hohe Liquidität das Ergebnis negativ beeinflusst. Mit Zunahme des Planungshorizontes wirkt sich dieser Effekt verschlechternd auf den Portfoliowert zu $t = T$ aus, der in die Zielfunktion eingeht.

Betrachtet man die Ergebnisse der zufälligen Suche, bei der genauso viele Punkte des Suchraums getestet wurden wie beim Genetischen Algorithmus, so ist die Überlegenheit des Genetischen Algorithmus offensichtlich.

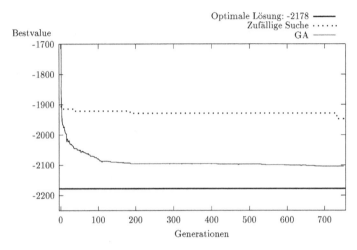

Abbildung 5.4: GA mit $T = 4$

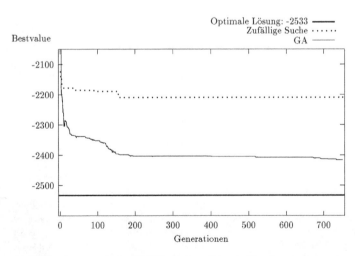

Abbildung 5.5: GA mit $T = 5$

Grafik 5.6 zeigt das Verhalten des Genetischen Algorithmus bei Variation des Selektionsdrucks. Werden keine Individuen aussortiert, das heißt findet kein Selektionsdruck statt ($\mu = 100, \lambda = 100$), so beobachtet man einen sprunghaften Verlauf der jeweils besten Lösung. Vergleicht man diese Lösung mit der zufälligen Suche aus Abbildung 5.5, so erkennt man, dass der Genetische Algorithmus ohne Selektionsdruck nicht erfolgreich arbeitet.

Mit zunehmendem Selektionsdruck verbessert sich die erreichte Lösung. Die in der Literatur anzutreffende Faustregel eines Selektionsdrucks von 1:5 (dies entspricht $\mu = 33, \lambda = 167$) kann auch für dieses Anwendungsbeispiel bestätigt werden.

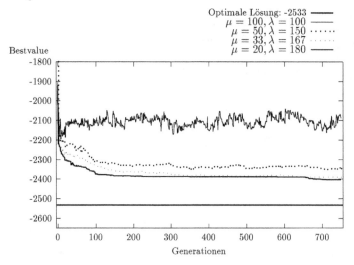

Abbildung 5.6: Selektionsdruck

Im folgenden soll untersucht werden, welche Rolle die einzelnen Operatoren bei der Lösungssuche des Genetischen Algorithmus spielen. Abbildung 5.7 zeigt die Ergebnisse, falls die Rekombinationen nur mittels Crossover- bzw. Mutations- bzw. Inversionsoperationen erfolgen. Dass der Crossoveroperator maßgeblich zur Verbesserung der erreichten Lösung beiträgt, lässt sich an unserem Beispiel nicht bestätigen. Er zeigt zwar einen wesentlich kontinuierlicheren Verbesserungsprozess als der Mutations- und Inversionsoperator, kann aber an die besten Lösungen dieser Operatoren nicht heranreichen. Vergleicht man alle drei Lösungsverläufe mit der optimalen Lösung aus Abbildung 5.5, so erkennt man, dass das Zusammenwirken der drei Operatoren erfolgreicher ist, als wenn nur ein Operator zum Einsatz kommt.

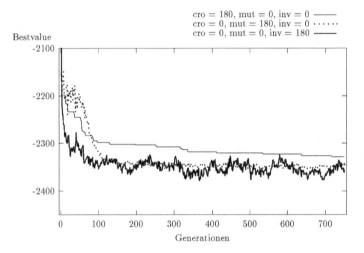

Abbildung 5.7: GA mit unterschiedlichen Operatoren

Insgesamt konnte unabhängig vom Planungshorizont festgestellt werden, dass die besten Ergebnisse erzielt wurden, wenn der Selektionsdruck $\mu : \lambda$ mit 1:9 hoch war und das Verhältnis $cro : mut : inv$ mit 1:2:2 relativ viele Mutationen und Inversionen zuließ.

### 5.2.3  Aggregationsmethoden

Der von Klaassen in [19] vorgeschlagene Disaggregationsalgorithmus konnte aufgrund der in Kapitel 4.2.4 beschriebenen Komplexität im Rahmen dieser Diplomarbeit nicht umgesetzt werden. Die auf der beiliegenden Diskette verfügbaren C-Programme *sth3.c* und *sth2.c* liefern die stochastischen linearen Programme mit drei bzw. zwei Handelszeitpunkten, die sich durch Zeit- und Zustandsaggregationen aus dem anfänglich vierperiodigen Modell ergeben. Abbildung 5.8 zeigt die Ereignisbäume, die den Programmen zugrunde liegen. Diese stochastischen linearen Programme können nun wieder mit Hilfe von CPLEX gelöst werden.

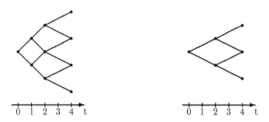

Abbildung 5.8: Aggregierte Ereignisbäume

Tabelle 5.16 zeigt die optimalen Anlagepläne des ursprünglichen Modells und der aggregierten Programme.

| Handelszeitpunkte | 4 | 3 | 2 |
|---|---|---|---|
| Floater | -198 | -210 | -210 |
| Anleihen RLZ 7J | 0 | 0 | -155 |
| Anleihen RLZ 3J | 0 | -230 | -230 |
| Anleihen RLZ 2J | 0 | 0 | -141 |
| Schuldverschreibungen (P) RLZ 8J | -416 | -429 | -383 |
| Genussscheine (P) RLZ 8J | -176 | -164 | -168 |
| Genussscheine (P) RLZ 1J | 0 | 0 | 10 |
| Verbindlichkeiten ggü. KI | 326 | 308 | 819 |
| Zielfunktionswert | -2178 | -2163 | -2208 |

Tabelle 5.16: Optimale Lösung der aggregierten Modelle (in Mio. DM)

Es ist sicherlich problematisch, die Aggregationsmethoden zu bewerten, wenn man in einem Modell von nur vier Handelszeitpunkten durch Zustands- und Zeitaggregationen zusätzlich Entscheidungszeitpunkte einspart. Man erkennt aber in unserem Fall, dass sich die optimale Anlagestrategie doch erheblich verändert, wenn die Anzahl der Handelszeitpunkte halbiert wird. Insbesondere fällt auf, dass der Anlageplan des aggregierten Modells mit zwei Handelszeitpunkten keine zulässige Lösung unseres ursprünglichen Programms darstellt, da der optimale Zielfunktionswert geringer ausfällt.

# Kapitel 6

# Zusammenfassung und Ausblick

Das Asset-Liability Management ist ein Entscheidungsprozess, der zum Ziel hat, gesamtunternehmensbezogene Risiken zu steuern und zu kontrollieren. Zu Beginn wurde auf die wachsende Bedeutung des ALM hingewiesen und beschrieben, welchen Anforderungen ein ALM-Modell genügen muss. Da die bisher eingesetzten Techniken eine Feinabstimmung zwischen dem finanzwirtschaftlichen und leistungswirtschaftlichen Bereich nur unzureichend erlauben, wurde ein mehrstufiges stochastisches Programm entwickelt, das die Entscheidungsfindung im Unternehmen realistischer und flexibler abbildet. Insbesondere die Möglichkeit, die dynamische Entwicklung von Einflussfaktoren zu berücksichtigen und heutige Entscheidungen in der Zukunft rebalancieren zu können, zeigt die Überlegenheit der mehrstufigen stochastischen Programmierung gegenüber statischen Techniken.

Als Nachteil der mehrstufigen stochastischen Programmierung erweist sich insbesondere, dass die Größe des Programms exponentiell mit dem Planungshorizont zunimmt. Trotz der in den vergangenen Jahren enorm gestiegenen Rechnerkapazitäten ist damit das Optimierungsproblem entweder nicht mehr exakt numerisch lösbar oder es lässt sich nur ein geringer Teil der bestehenden Unsicherheit über zukünftige Marktentwicklungen durch das Modell abbilden.

In diesem Kontext wurden zwei verschiedene Lösungsansätze, die Aggregationsmethoden nach Klaassen und Genetische Algorithmen, vorgestellt und daraufhin überprüft, ob ihr Einsatz für unser ALM-Modell sinnvoll ist. Die beschriebenen Aggregationsmethoden stellen einen interessanten Lösungsansatz dar, mit dessen Hilfe sich unser Ereignisbaum auf jede beliebige Größe verkleinern lässt. Eine der Hauptschwierigkeiten ergibt sich aber dadurch, dass das stochastische Programm nach einer Aggregation weder eine Relaxation noch eine Restriktion unseres ursprünglichen Programms darstellt,

und damit eine optimale Lösung nach einer Aggregation, im ursprünglichen Modell nicht zulässig zu sein braucht. Ob der höhere Aufwand und die größere theoretische Komplexität des von Klaassen vorgeschlagenen Disaggregationsalgorithmus gerechtfertigt sind und ein besseres Modell liefern, als ein Programm mit geringerem Planungshorizont, muss sicherlich noch überprüft werden.
Während Genetische Algorithmen bezüglich der zu ermittelnden Zielgröße sehr flexibel sind und keine speziellen Anforderungen wie Linearität, Konvexität oder Differenzierbarkeit stellen, vermögen sie das Größenproblem nicht zu lösen. Der Rechen- und Speicheraufwand ist so enorm, dass sie bei Planungshorizonten, für die eine exakte Lösung nicht mehr möglich ist, auch nicht mehr sinnvoll eingesetzt werden können. Die (für kleinere Horizonte) erzielten Ergebnisse haben aber bestätigt, dass ein Genetischer Algorithmus ein vielversprechendes Suchverfahren in hochdimensionalen Suchräumen darstellt.

Anhand unseres Anwendungsbeispiels in Kapitel 5 haben wir gezeigt, wie eine Umsetzung des Modells aus Sicht einer Bank konkret erfolgen kann. Dabei wurden sowohl die wesentlichen bilanzwirksamen Bankgeschäfte, als auch Marktunvollkommenheiten, Handelsbeschränkungen und rechtliche Restriktionen berücksichtigt. Mit Hilfe des Zinsstrukturmodells von Ho/Lee haben wir die zukünftige Zinsentwicklung beschrieben und daraus die für möglich gehaltenen Zahlungsströme unserer Modellbank berechnet. Durch die Implementierung der vorgestellten Lösungsansätze mittels eigener C-Programme, war es möglich, einen optimalen Anlageplan für unsere Modellbank zu bestimmen und Sensitivitätsanalysen bezüglich wichtiger Steuerungsparameter durchzuführen.

Unsere Annahme, dass die unsichere Zinsentwicklung der einzige Risikofaktor in unserem Modell ist, stellt eine starke Vereinfachung der Realität dar und bietet gleichzeitig den Ansatzpunkt für weitergehende Forschungstätigkeiten. Wichtige Fragen sind, wie mehrere Risikofaktoren gleichzeitig einbezogen werden können und welche Interdependenzen zwischen ihnen bestehen. Interessant wäre in diesem Zusammenhang sicherlich, die Unsicherheit über zukünftige Aktienkursentwicklungen in das Modell einbinden zu können. Unbeachtet blieben in unserer Modellbank auch viele nicht-bilanzwirksame Derivate wie Optionen oder Swaps, mit deren Hilfe eine flexible Risiko- und Rentabilitätssteuerung möglich ist, ohne dass Liquiditätsumschichtungen bei Bilanzpositionen nötig sind.

# Anhang A

# Optionspreisbestimmung

Die im folgenden vorgestellte Idee zur Bewertung von (Kauf-)Optionen geht auf den „Two-state Option Pricing"-Ansatz von *Cox, Ross und Rubinstein* zurück. Der heutige Optionswert wird dabei im wesentlichen mittels Arbitrageüberlegungen rekursiv aus dem Zustandsbaum berechnet. Eine genauere Analyse findet sich zum Beispiel in Steiner/Uhlir [27].

Ausgangspunkt unserer Überlegungen ist die Entwicklung des Anleihepreises im Zweiperiodenfall[1]:

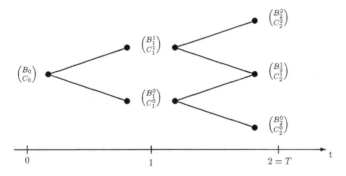

Bezeichnet X den Basispreis, der für den Erwerb einer Anleihe am Verfallstag aufgewendet werden muss, so ergeben sich die Optionspreise $C_T^n$ durch:

$$C_T^n = max[B_T^n - X; 0]$$

---

[1]Streng genommen modellieren wir mit dem Binomialbaum nicht den Preisprozess der Anleihe, sondern den Zinsprozess. Der Anleihepreis in einem Knoten ergibt sich dann durch das Barwertkonzept (vgl. Kapitel 5.1.3)

Für die Knoten zum Zeitpunkt 1 bildet man nun jeweils ein Arbitrageportfolio, bestehend aus einer gekauften Anleihe, $H$ leerverkauften Optionen und einem aufgenommenen Kredit. Tabelle A.1 zeigt die Zahlungsströme im Zeitablauf:

| | t = 1 | t = 2 | |
| --- | --- | --- | --- |
| | | up | down |
| 1 Anleihe *(long)* | $-B_1^n$ | $+B_2^{n+1}$ | $+B_2^n$ |
| H Optionen *(short)* | $+H_1^n \cdot C_1^n$ | $-H_1^n \cdot C_2^{n+1}$ | $-H_1^n \cdot C_2^n$ |
| Kreditaufnahme | $+V_1$ | $-V_2$ | $-V_2$ |
| Portfoliowert | 0 | 0 | 0 |

Tabelle A.1: Arbitrageportfolio für Kaufoptionen

Das Portfolio soll so konstruiert werden, dass zu keinem Zeitpunkt Kapital eingesetzt werden muss. Daraus ergeben sich folgende Gleichgewichtsbedingungen:

$$-B_1^n + H_1^n \cdot C_1^n + V_1 = 0 \qquad (A.1)$$
$$B_2^{n+1} - H_1^n \cdot C_2^{n+1} - V_2 = 0 \qquad (A.2)$$
$$B_2^n - H_1^n \cdot C_2^n - V_2 = 0 \qquad (A.3)$$
$$V_1 = P_1^n(1) \cdot V_2 \qquad (A.4)$$

Gleichung A.4 ergibt sich aus der Annahme, dass der Kredit risikolos ist. Sie besagt, dass der Auszahlungsbetrag gleich dem abgezinsten Tilgungsbetrag ist. Durch elementare Umformungen ergibt sich

1. aus A.1: $C_1^n = \frac{1}{H_1^n} \cdot (B_1^n - V_1)$

2. aus A.2 und A.3: $h_1^n = \frac{1}{H_1^n} = \frac{C_2^{n+1} - C_2^n}{B_2^{n+1} - B_2^n}$

3. aus A.2 und A.4: $V_1 = P_1^n(1) \cdot V_2 = P_1^n(1) \cdot (B_2^{n+1} - H_1^n \cdot C_2^{n+1})$

Insgesamt erhält man die Optionspreise $C_1^n$ durch:

$$C_1^n = h_1^n \cdot [B_1^n - P_1^n(1) \cdot (B_2^{n+1} - H_1^n \cdot C_2^{n+1})] \qquad n = 0, 1 \qquad (A.5)$$

Für die Bestimmung des Optionspreises $C_0$ ergibt sich nun die gleiche Situation, wie zuvor für die Optionspreise $C_1^n$. Mit Hilfe eines neuen Arbitrageportfolios lässt sich sein Wert analog bestimmen.

# Anhang B

# Anwendungsbeispiel

## B.1  Zinsstrukturentwicklung für $T = 3$

Die folgende Tabelle zeigt, wie sich die Zinssätze bei Unterstellung des Modells von Ho/Lee bei einem Planungshorizont von 3 Jahren entwickeln. Es werden dabei die Zinssätze von Zerobonds mit Restlaufzeiten von einem bis acht Jahren betrachtet. Die heutige Zinsstruktur entspricht dabei den Werten aus Tabelle 5.1 und die Parameter $\pi$ und $\delta$ sind wie folgt gewählt: $\pi^* = 0.785$ und $\delta^* = 0,985$

| Laufzeit | $t = 0$ | $t = 1$ | | $t = 2$ | | | $t = 3$ | | | |
|---|---|---|---|---|---|---|---|---|---|---|
| | 0 | 0 | 1 | 0 | 1 | 2 | 0 | 1 | 2 | 3 |
| 1 | 3.86 | 5.73 | 4.22 | 7.42 | 5.91 | 4.40 | 8.94 | 7.43 | 5.91 | 4.40 |
| 2 | 4.20 | 5.98 | 4.47 | 7.58 | 6.07 | 4.56 | 9.09 | 7.58 | 6.06 | 4.55 |
| 3 | 4.48 | 6.17 | 4.66 | 7.74 | 6.23 | 4.72 | 9.21 | 7.70 | 6.19 | 4.67 |
| 4 | 4.70 | 6.34 | 4.83 | 7.87 | 6.36 | 4.84 | 9.30 | 7.79 | 6.28 | 4.76 |
| 5 | 4.89 | 6.48 | 4.97 | 7.97 | 6.46 | 4.94 | 9.39 | 7.88 | 6.37 | 4.86 |
| 6 | 5.05 | 6.60 | 5.09 | 8.07 | 6.55 | 5.04 | 9.45 | 7.94 | 6.43 | 4.92 |
| 7 | 5.18 | 6.71 | 5.19 | 8.13 | 6.62 | 5.11 | 9.52 | 8.01 | 6.50 | 4.98 |
| 8 | 5.30 | 6.78 | 5.27 | 8.21 | 6.70 | 5.18 | 9.57 | 8.06 | 6.54 | 5.03 |

Tabelle B.1: Zinsstrukturentwicklung für $T = 3$

Um die Zahlen etwas besser zu veranschaulichen, sei der Planungshorizont auf $T = 8$ erweitert und der (fettgedruckte) Pfad $s^*$ in Abbildung B.1 gewählt. Die Abbildung B.2 zeigt, wie sich die Zinsstrukturkurve bei Durchschreiten des Pfades verändert.

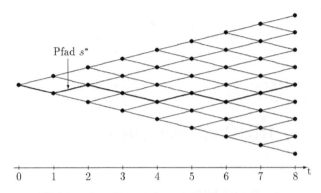

Abbildung B.1: Binomialbaum mit Horizont $T = 8$

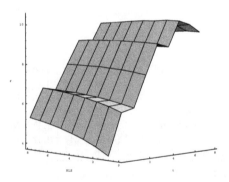

Abbildung B.2: Zinsentwicklung für den Pfad $s^*$ aus Abbildung B.1

# B.2　Bilanzentwicklung

Die folgenden beiden Tabellen B.2 und B.3 beschreiben, wie sich das Volumen der nicht beeinflussbaren Bilanzpositionen im Zeitablauf verändert. Unterstellt ist dabei die Zinsentwicklung gemäß Tabelle B.1.

| Bilanzposten | $t=0$ 0 | $t=1$ 0 | 1 | $t=2$ 0 | 1 | 2 | 3 | |
|---|---|---|---|---|---|---|---|---|
| Schatzwechsel | 160 | 139 | 160 | 129 | 142 | 143 | 162 | |
| Wechsel | 65 | 56 | 65 | 52 | 57 | 58 | 65 | |
| Kontokorrentkredit | 660 | 635 | 666 | 619 | 644 | 645 | 675 | |
| Kfr. Laufzeitkredit | 1890 | 1764 | 1896 | 1675 | 1779 | 1782 | 1913 | |
| Lfr. Laufzeitkredit | 250 | 232 | 257 | 220 | 239 | 239 | 265 | |
| Lfr. KoDarlehen | 75 | 71 | 77 | 69 | 74 | 74 | 80 | |
| Lfr. var. Darlehen | 2225 | 2530 | 2319 | 2775 | 2601 | 2595 | 2389 | |
| Kfr. TerEinlagen | 4290 | 5647 | 4653 | 6758 | 5917 | 5884 | 4910 | |
| Lfr. TerEinlagen | 835 | 980 | 870 | 1107 | 1010 | 1009 | 897 | |
| Sichteinlagen | 1520 | 1641 | 1580 | 1741 | 1696 | 1693 | 1634 | |
| Spareinlagen | 750 | 810 | 780 | 859 | 837 | 835 | 806 | |

| Bilanzposten | $t=3$ 0 | 1 | 2 | 3 | 4 | 5 | 6 | 7 |
|---|---|---|---|---|---|---|---|---|
| Schatzwechsel | 123 | 133 | 134 | 146 | 135 | 148 | 149 | 167 |
| Wechsel | 49 | 53 | 53 | 59 | 54 | 59 | 59 | 67 |
| Kontokorrentkredit | 610 | 631 | 632 | 657 | 633 | 658 | 658 | 688 |
| Kfr. Laufzeitkredit | 1609 | 1696 | 1697 | 1802 | 1699 | 1804 | 1806 | 1938 |
| Lfr. Laufzeitkredit | 213 | 227 | 228 | 247 | 228 | 247 | 247 | 274 |
| Lfr. KoDarlehen | 68 | 72 | 72 | 76 | 72 | 76 | 77 | 83 |
| Lfr. var. Darlehen | 2982 | 2830 | 2827 | 2653 | 2820 | 2646 | 2641 | 2437 |
| Kfr. TerEinlagen | 7723 | 6963 | 6949 | 6097 | 6910 | 6063 | 6040 | 5060 |
| Lfr. TerEinlagen | 1223 | 1135 | 1135 | 1036 | 1133 | 1034 | 1033 | 918 |
| Sichteinlagen | 1829 | 1793 | 1792 | 1747 | 1788 | 1744 | 1742 | 1684 |
| Spareinlagen | 903 | 885 | 884 | 862 | 882 | 860 | 859 | 831 |

Tabelle B.2: Entwicklung des Neugeschäfts

| Bilanzposten | $t = 0$ | $t = 1$ | | $t = 2$ | | | |
|---|---|---|---|---|---|---|---|
|  | 0 | 0 | 1 | 0 | 1 | 2 | 3 |
| Kfr. LZK RLZ 3J | 1420 | 1389 | 1389 | 1296 | 1296 | 1394 | 1394 |
| Kfr. LZK RLZ 2J | 945 | 928 | 928 | 908 | 908 | 908 | 908 |
| Kfr. LZK RLZ 1J | 470 | 463 | 463 | 455 | 455 | 455 | 455 |
| Lfr. LZK RLZ 7J | 215 | 218 | 218 | 202 | 202 | 223 | 223 |
| Lfr. LZK RLZ 6J | 185 | 183 | 183 | 186 | 186 | 186 | 186 |
| Lfr. LZK RLZ 5J | 155 | 153 | 153 | 152 | 152 | 152 | 152 |
| Lfr. LZK RLZ 4J | 125 | 123 | 123 | 122 | 122 | 122 | 122 |
| Lfr. LZK RLZ 3J | 90 | 93 | 93 | 92 | 92 | 92 | 92 |
| Lfr. LZK RLZ 2J | 60 | 60 | 60 | 62 | 62 | 62 | 62 |
| Lfr. LZK RLZ 1J | 30 | 30 | 30 | 30 | 30 | 30 | 30 |
| Lfr. KoDa RLZ 7J | 65 | 66 | 66 | 62 | 62 | 68 | 68 |
| Lfr. KoDa RLZ 6J | 55 | 56 | 56 | 56 | 56 | 56 | 56 |
| Lfr. KoDa RLZ 5J | 45 | 46 | 46 | 46 | 46 | 46 | 46 |
| Lfr. KoDa RLZ 4J | 40 | 36 | 36 | 37 | 37 | 37 | 37 |
| Lfr. KoDa RLZ 3J | 30 | 30 | 30 | 27 | 27 | 27 | 27 |
| Lfr. KoDa RLZ 2J | 20 | 20 | 20 | 20 | 20 | 20 | 20 |
| Lfr. KoDa RLZ 1J | 10 | 10 | 10 | 10 | 10 | 10 | 10 |
| Lfr. TerE RLZ 3J | 625 | 626 | 626 | 735 | 735 | 652 | 652 |
| Lfr. TerE RLZ 2J | 420 | 417 | 417 | 418 | 418 | 418 | 418 |
| Lfr. TerE RLZ 1J | 210 | 210 | 210 | 208 | 208 | 208 | 208 |

Tabelle B.3: Entwicklung des Altgeschäfts

# Literaturverzeichnis

[1] Allen, F.; Karjalainen, R.: Using genetic algorithms to find technical trading rules. *Journal of Financial Economics* 51 (1999), 245 - 271

[2] Ammann, D.: Asset and Liability Management für Pensionskassen. *Finanzmarkt und Portfolio Management* - 6. Jg. 1992 - Nr. 2, 193 - 203

[3] Baum, G.: *Asset-Liability Management von Pensionsfonds - Veröffentlichungen des Instituts für Versicherungswirtschaft der Universität Mannheim. Band 47.* VVW, Karlsruhe (1996)

[4] Becker, H. P.: *Bankbetriebslehre.* Kiehl, Ludwigshafen (1997)

[5] Bradley, S.; Crane, D.: A dynamic model for bond portfolio management. *Management Science* 19 (2) (1972), 139 - 151

[6] Davis, L.: *Genetic Algorithms and Simulated Annealing.* Morgan Kaufmann Publ., Los Altos, CA (1987)

[7] Dert, C.: *Asset Liability Management for Pension Funds. A Multistage Chance Constrained Programming Approach.* PhD thesis, (1995)

[8] Deutsche Bundesbank: Zinsentwicklung und Zinsstruktur seit Anfang der achtziger Jahre. *Monatsbericht, Juli 1991,* 31 - 42

[9] Deutsche Bundesbank: Reaktionen der Geldmarkt- und kurzfristigen Bankzinsen auf Änderungen der Notenbanksätze. *Monatsbericht, Oktober 1996,* 33 - 48

[10] Fechter, U.: *Asset Liability Management.* Diplomarbeit, Universität Ulm (1994)

[11] Goldberg, D.: *Genetic Algorithms in Search, Optimization, and Machine Learning.* Addison-Wesley, Reading, Massachusetts (1989)

[12] Grauel, A.: *Fuzzy-Logik.* BI-Wissenschaftsverlag, Mannheim (1995)

[13] Harrington, R.: *Asset and Liability Management by Banks.* Organisation for Economic Co-operation and Development, Paris (1987)

[14] Harrison, M.; Kreps, D.: Martingales and arbitrage in multiperiod securities markets. *Journal of Economic Theory* 20 (1979), 381 - 408

[15] Heistermann, J.: *Genetische Algorithmen - Theorie und Praxis evolutionärer Optimierung.* Teubner, Stuttgart (1994)

[16] Ho, T.; Lee, S.: Term Structure Movements and Pricing Interest Rate Contingent Claims. *The Journal of Finance* 41 (Dez. 1986), 1011 - 1029

[17] Jost, C.: *Asset-Liability Management bei Versicherungen - Versicherung und Risikoforschung 17.* Gabler, Wiesbaden (1995)

[18] Klaassen, P.: Financial Asset-Pricing Theory and Stochastic Programming Models for Asset/Liability Management: A Synthesis. *Management Science* Vol. 44, No. 1 (1998), 31 - 48

[19] Klaassen, P.: *Stochastic Programming Models for Interest-Rate Risk Management.* PhD thesis, Sloan School of Management, M.I.T., Cambridge, Massachusetts (1994)

[20] Klaassen, P.: Discretized reality and spurious profits in stochastic programming models for asset/liability management. *Technical report,* Tinbergen Institute, Erasmus University Rotterdam, (1995)

[21] Kümpel, S.: *Bank- und Kapitalmarktrecht.* Verlag O. Schmidt, Köln (1995)

[22] Kusy, M. I.; Ziemba, W. T.: A bank asset and liability management model. *Operations Research* 34 (3) (1986), 356 - 376

[23] Marohn, C.: *Stochastische mehrstufige lineare Programmierung im Asset & Liability Management.* Dissertation der Universität St. Gallen, Verlag Paul Haupt, Bern (1998)

[24] Rieder, U.: *Operations Research I.* Vorlesungsskript, Universität Ulm (1995)

[25] Schierenbeck, H.: *Ertragsorientiertes Bankmanagement - Betriebswirtschaftliche Grundlagen des Controlling in Kreditinstituten.* Gabler, Wiesbaden (1987)

[26] Schöneburg, E.: *Genetische Algorithmen und Evolutionsstrategien: Eine Einführung in Theorie und Praxis der simulierten Evolution.* Addison-Wesley, Bonn (1994)

[27] Steiner, P.; Uhlir, H.: *Wertpapieranalyse - 3. Auflage.* Physica-Verlag, Heidelberg (1994)

[28] van der Meer, R.; Smink, M.: Strategies and Techniques for Asset-Liability Management: an Overview. *The Geneva Papers on Risk and Insurance* 18 (67) (1993), 144 - 157

[29] Voget, S.: Theoretical analysis of genetic algorithms with infinite population size. *Hildesheimer Informatik Berichte,*(1995)

[30] Wöhe, G.: *Einführung in die Allgemeine Betriebswirtschaftslehre. - 18. Auflage.* Vahlen, München (1993)

[31] Yoshitomi, Y.; Ikenoue, H.; Takeba, T.; Tomita, S.: *Genetic Algorithm Approach for Solving Stochastic Programming Problem.* To be published in Annals of Operations Research.

**Diplomarbeiten** Agentur

Die Diplomarbeiten Agentur vermarktet seit 1996 erfolgreich
Wirtschaftsstudien, Diplomarbeiten, Magisterarbeiten, Dissertationen
und andere Studienabschlußarbeiten aller Fachbereiche und Hochschulen.

**Seriosität, Professionalität und Exklusivität prägen unsere Leistungen:**

- Kostenlose Aufnahme der Arbeiten in unser Lieferprogramm
- Faire Beteiligung an den Verkaufserlösen
- Autorinnen und Autoren können den Verkaufspreis selber festlegen
- Effizientes Marketing über viele Distributionskanäle
- Präsenz im Internet unter **http://www.diplom.de**
- Umfangreiches Angebot von mehreren tausend Arbeiten
- Großer Bekanntheitsgrad durch Fernsehen, Hörfunk und Printmedien

Setzen Sie sich mit uns in Verbindung:

**Diplomarbeiten** Agentur
Dipl. Kfm. Dipl. Hdl. Björn Bedey
Dipl. Wi.-Ing. Martin Haschke
und Guido Meyer GbR

Hermannstal 119 k
22119 Hamburg

Fon: 040 / 655 99 20
Fax: 040 / 655 99 222

agentur@diplom.de
www.diplom.de

www.ingramcontent.com/pod-product-compliance
Lightning Source LLC
La Vergne TN
LVHW092342060326
832902LV00008B/766